EDITION MARITIM

DAR MŁODZIEŻY

SAIL 2000
BREMERHAVEN

TEXT: SVANTE DOMIZLAFF

EDITION MARITIM

Die Deutsche Bibliothek – CIP-Einheitsaufnahme
Sail ‹2000, Bremerhaven›:
Sail 2000 Bremerhaven. – Hamburg : Ed. Maritim, 2000
ISBN 3-89225-404-4

1. Auflage
ISBN 3-89225-404-4

Umschlag: Buchholz/Hinsch/Hensinger, Hamburg
Text: Svante Domizlaff, Hamburg
Lithographie: |G|E|L|D|Produktion, Bremen
Druck: Druckerei Ditzen GmbH & Co. KG, Bremerhaven
Bindung: Großbuchbinderei Bernhard Gehring, Bielefeld
Printed in Germany 2000

Bildnachweis:
Herbert Böhm, Hamburg: Titelfoto, 9, 10, 11, 12, 15, 40, 43, 44, 50/51, 58/59, 62/63, 65 o., 66, 71 u., 72, 73, 78, 80/81, 86/87, 89-96
H+Z / Heinrich Hecht, Hannover: 13 o.
Bernt Hoffmann, Flensburg: 13 u., 14
Dieter Klaas, Horhausen: 54, 56, 57 u., 60/61, 82, 83 o.
Michael Pasdzior, Hamburg: 2, 21, 22/23, 24/25, 26/27, 29, 30/31, 32/33, 34/35, 38/39, 42, 44/45, 46, 48, 49 o., 53, 55 u., 70 u., 71 o., 76 o., 79, 88
Martin Pohlmann, Dortmund: 16-19, 40/41, 47, 49 u., 70 o., 74/75
Wolfhard Scheer, Bremerhaven: 20/21, 28, 36/37, 52, 55 o., 57 o., 59, 64/65, 65 u., 68/69, 76 u., 77, 83 u., 84, 95 re.
Christina Scheunemann, Hamburg: Rückseitenfoto, 67, 85

Der Verlag dankt den Mitarbeiterinnen und Mitarbeitern der Druckerei Ditzen GmbH & Co. KG, der Nordwestdeutschen Verlags-GmbH sowie dem BIS Büro Bremerhaven-Werbung, alle in Bremerhaven, für die gute Zusammenarbeit.

Vertrieb: Delius Klasing Verlag, Siekerwall 21, 33602 Bielefeld.
Tel.: 0521/559-0, Fax: 0521/559-113/e-mail: info@delius-klasing.de/http://www.delius-klasing.de

Inhalt

Unter Segeln ins neue Jahrtausend

Wie ist das möglich? 100 Jahre nach dem Sieg des Dampf-und Motorantriebs über die Windkraft hat das Segel nichts von seiner Faszination verloren. So markiert das neue Jahrtausend nicht das Ende des Segelschiffahrt, sondern einen neuen Aufbruch. In den ersten acht Monaten des Jahres 2000 hat es mehr Windjammer-Paraden und Großsegler-Treffen gegeben als je zuvor, und die Anzahl sowie die Größe der Neubauten steigt weiterhin beständig. Die Jahrtausendwende hat Seglerfeste in Rio de Janeiro, New York, Boston, Stockholm, Danzig, Flensburg, Rostock-Warnemünde und Amsterdam gesehen. Das große Finale aber bildete die Sail 2000 in Bremerhaven. Die Stadt an der Wesermündung war seit 1986 schon zum fünften Mal Gastgeber der weißen Flotte von Windjammern. Und niemand wird bezweifeln, das Bremerhaven eine gute Wahl ist, denn über Generationen spielten Segelschiffbau und Reedereien in der Seestadt eine zentrale Rolle.

Einige der berühmtesten, heute noch in Fahrt befindlichen Tiefwassersegler wurden in der Stadt gebaut, die damals noch den Namen Wesermünde trug. Dazu gehört auch die 1926 als PADUA auf der Werft Joh. C. Tecklenborg gebaute Viermastbark KRUZENSHTERN, ein regelmäßiger Gast bei Sail-Veranstaltungen. Die größten und schnellsten Windjammer aller Zeiten, die Fünfmastbark POTOSI und das Fünfmastvollschiff PREUSSEN, 1895 und 1902 in Dienst gestellt, hatten ihren Heimathafen zwar in Hamburg, gebaut waren sie aber an der Weser.

Zwei Großsegler bremischer Reeder sind uns als eindrucksvolle Zeugnisse dieser Epoche bis heute erhalten geblieben. So stolz wie in alten Zeiten liegt an der Landungsbrücke des Hamburger Hafens die in den traditionellen Rickmers-Reedereifarben grün gemalte Bark RICKMER RICKMERS, 1896 in Bremerhaven (Geestemünde) für die Rickmers Reismühlen AG als Vollschiff für die Ostasienfahrt gebaut. Die Viermastbark MAGDALENE VINNEN, Baujahr 1921, mit 117 Metern Länge und 4192 Quadratmetern Segelfläche der größte, noch existierende historische Windjammer der Welt, fuhr einst für die Bremer Reederei F. A. Vinnen und ist heute als SEDOV unter russischer Flagge der Star aller Windjammer-Paraden und Flaggschiff der Sail 2000. Schließlich sind an der Weser noch drei klassische Rahsegler beheimatet: Im Bremerhavener Museumshafen liegt fest verankert die 1919 gebaute Bark SEUTE DEERN, mit 54 Metern Länge der größte noch existierende Segler aus Holz. In Bremen-Vegesack hat das erst kürzlich vollständig renovierte Vollschiff SCHULSCHIFF DEUTSCHLAND seinen Liegeplatz gefunden. Zur Windjammer-Parade wurde sie nach Bremerhaven verholt, in die Nähe jener Stelle, an der die Werft Joh. C. Tecklenborg sie 1927 erbaute. Schließlich gibt es die kleine Bark ALEXANDER VON HUMBOLDT, 1906 auf der Werft „AG Weser" als Feuerschiff entstanden. Mit ihrem flaschengrünen Rumpf und den ebenso grünen Segeln ist sie fast ständig mit jugendlichen Besatzungen unterwegs und durch die TV-Werbung für Bremer „Beck's Bier" zu einem der bekanntesten Schiffe in Deutschland geworden.

Schiffbau und Segelschiffahrt haben den Menschen an der Weser große Zeiten beschert und einen Ruf, der bis heute nachhallt. Die Segelschiffahrt endete jedoch mit dem Ausbruch des Ersten Weltkrieges, der Niedergang des deutschen Großschiffbaus, nicht nur an der Weser, folgte in den siebziger Jahren. Es war ein schmerzlicher Schnitt, von dem sich Bremerhavens Wirtschaft bis heute nicht erholt hat.

Die Werften an der Weser haben den Segelschiffbau zu einem Können und zu einer Größe erhoben, die weder vorher noch hinterher von irgendeiner Nation übertroffen wurden. Die Glanzzeit der Segler unter deutscher Flagge lag in den Jahren 1870 bis 1900. Der Stolz und das Wissen um die Einmaligkeit dieses Schaffens ist auch in den Jahren des Niedergangs niemals ganz verlorengegangen. Als 100 Jahre später das Segelschiff wiederentdeckt wurde, nicht zum Transport von Lasten, sondern zur Schulung des seemännischen Nachwuchses, als Abenteuer- und Kreuzfahrtschiff, als Sportboot oder als Museumssegler – da standen die Menschen an der Weser sofort an der Spitze der neuen Windjammer-Bewegung.

Nachdem die Deutschen anläßlich der Olympischen Spiele 1972 vor Kiel erstmals eine Windjammer-Parade erleben konnten, begann ein wahrer Segelboom. Der anwesende Bundespräsident Gustav Heinemann meinte in Kiel fasziniert: „So etwas Schönes habe ich noch nie gesehen!“ Er sprach damit vielen Menschen aus dem Herzen. Ein Bildband zur Windjammer-Parade 1972 konstatierte in seinem Titel lakonisch: „Nun segeln sie wieder“ – und rutschte in die Bestsellerlisten. Das Interesse an der Segelei war wiederentdeckt. Niemand konnte zu diesem Zeitpunkt ahnen, daß knapp 100 Jahre nach der Ablieferung und dem baldigen Ende der PREUSSEN genannten „Königin der Meere“ ein neuer, ebenso großer Rahsegler die Weltmeere durchpflügen würde. Das im Jahre 2000 in polnisch-niederländischer Gemeinschaftsarbeit fertiggestellte Fünfmastvollschiff ROYAL CLIPPER enstand nach dem Vorbild dieses berühmtesten Seglers aller Zeiten. Statt Salpeter, Stückgut und Petroleum in Fässern, wie einst in den Laderäumen der PREUSSEN verstaut, trägt die ROYAL CLIPPER exklusive Passagiere von Hafen zu Hafen. Es ist nur eine Frage der Zeit, bis sich dieser gerade in Dienst gestellte Luxus-Großsegler in eine Windjammer-Parade einreihen wird.

Fünf deutsche Städte sind bislang Gastgeber von Windjammer-Paraden gewesen: Kiel, Bremerhaven, Hamburg, Flensburg und Rostock-Warnemünde. Fraglos finden sich aber in Bremerhaven die allerbesten Möglichkeiten für eine Windjammer-Schau. Bremens Bürgermeister Johann Smidt hat die Stadt an der Mündung von Weser und Geeste 1827 gegründet. Am 11. September 1830 lief das erste Schiff, es war das Vollschiff DRAPER aus Baltimore, durch die Kammerschleuse des Herrn van Ronzelen in den geschützten Alten Hafen.

Die dicht hinter dem Deich liegenden Anlagen des Kaiserhafens, des Neuen und Alten Hafens sind für die modernen Handelsschiffe des Containerzeitalters viel zu klein geworden. Für die grazilen Rahsegler, für die sie einst entwickelt wurden, bilden sie einen ebenso prächtigen wie intimen Rahmen, auch wenn die große Zahl der Teilnehmer der Sail 2000 – es kamen mehr als 280 Segelschiffe aus 23 Nationen, darunter über 30 Windjammer – die Liegplatzkapazitäten völlig erschöpfte, so daß etwa die KRUZENSHTERN an die Seebäderkaje im Strom verholen mußte. Alle teilnehmenden Schiffe hintereinander aufgereiht ergäbe eine Schlange von acht Kilometern Länge. Für den Sonntag der Windjammer-Parade bildete der Deich zwischen Kaiserschleuse über die Seebäderkaje bis zur Einfahrt des Nordhafens eine gut eineinhalb Kilometer lange Naturtribüne, zu deren Füßen der breite Weserstrom wie ein Freilichttheater liegt. Nach Nordwesten hin erstreckt sich die See bis zum Horizont und gibt dem Besucher aus dem Binnenland einen kleinen Eindruck von der Unendlichkeit des Weltmeeres. Ein vergleichbar vielseitiges Panorama und eine solche Nähe selbst zu den größten Schiffen bietet kaum ein anderer Hafen auf der Welt. Es wundert daher nicht, daß, verbunden mit dem schönen Wetter zum Auftakt der Sail 2000, täglich bis zu 250 000 Menschen aus allen Teilen Deutschlands die Ankunft und das Zusammensein der Segler mit Interesse und Applaus verfolgten. Zur Volksfestatmosphäre gesellte sich bei vielen Besuchern das Gefühl, Teil einer Brüderschaft zu sein, für die staatliche Grenzen nicht existieren und die sich über ihr gemeinsames Interesse für die See verbunden fühlen. Die Herausforderungen der Natur, denen der Seemann ausgesetzt ist, schaffen nichts Trennendes, sondern sie schmieden die Menschen zu einer Gemeinschaft zusammen. Ein Modewort wie „Globalisierung“ war in der Schiffahrt stets eine Selbstverständlichkeit. An Bord eines Segelschiffes gelten immer nur Tüchtigkeit und Charakter, niemals Begriffe wie Rasse, Herkunft oder gar Staatsangehörigkeit.

Im Mittelpunkt einer Windjammer-Parade steht allerdings nicht der Mensch, sondern das Schiff. Das ist durchaus kein toter Gegenstand. Vielmehr sieht der Seemann in einem Segelschiff etwas Lebendiges, ein Zwitterwesen: von Menschenhand geschaffen und von Wind und Seegang zum Leben erweckt. Ein Schiff trägt einen Namen, es hat einen Charakter und eine Seele. Kein Schiff gleicht dem anderen.

Die Renaissance des Segelschiffes hat nicht nur einen besonderen Schiffstyp hervorgebracht – obwohl sich für den Laien viele Windjammer nur in ihrer Größe und Farbe unterscheiden mögen. Im letzten Vierteljahrhundert wurde sozusagen im Schnellverfahren noch einmal die gesamte Geschichte des Segelschiffbaus wiederholt. So bildet die Sail 2000 einen exzellenten Querschnitt über mehr als 1000 Jahre Seefahrtsgeschichte. Vom Nachbau eines Wikinger-Drachenbootes, der WIKING SAGA aus dem 8. Jahrhundert, über die Retro-Kogge UBENA VON BREMEN aus dem 14. Jahrhundert und die Replik der Fregatte SHTANDART, dem einstigen Flaggschiff von Zar Peter dem Großen aus dem 18. Jahrhundert, ist der Aufschwung der Seefahrt in nördlichen Gewässern bestens dokumentiert. Die Wende von 19. zum 20. Jahrhundert brachte den Höhepunkt der Schiffahrt unter Segeln und damit auch die größte Vielzahl an

Schiffstypen. Aus dieser Zeit stammen die meisten Großsegler, die imposanten Schulschiff-Barken und frachttragenden Viermastbarken ebenso wie die Küstensegler von Nord- und Ostsee und des Mittelmeeres.

Das Ende des 20. Jahrhunderts hat noch einmal eine Reihe Schulschiffe hervorgebracht. Doch nur wenige Schiffe entsprechen in ihrem Aussehen noch der Zeit ihrer Indienststellung. Umweltschutz, Sicherheit und Bequemlichkeit sowie der Zwang, sich im Segel-Tourismus neue Einnahmequellen zu sichern, haben zu mehr oder weniger großen Umbauten geführt. SEDOV und KRUZENSHTERN wurden mit gedeckten Brückenhäusern ausgestattet, zusätzliche Aufbauten dienen dem Komfort zahlender Gäste an Bord, und moderne Rettungsboote nehmen viel Platz ein. Aus der einstmals schiffigen Silhouette der berühmten GORCH FOCK ragt nun ein Schornstein, die Kadetten müssen selbst auf eine Klimaanlage nicht mehr verzichten. Dies sind aber Abweichungen vom Original, die vielleicht nur

Der Klipper STAD AMSTERDAM kam zum ersten Mal nach Bremerhaven.

Segelpuristen bemerken. Ohnehin ist die Zahl der teilnehmenden Schiffe so groß, daß sich jeder Besucher sein eigenes Lieblingsschiff aussuchen kann. Ein Schiffstyp allerdings war im Laufe der Zeit ganz verschwunden und nur noch im Museum zu finden: der Klipper. Klipper – ihr Name leitet sich vermutlich vom englischen to clip= schneiden, die Wellen zerschneiden, her – sind extrem schlanke, mit großer Segelfläche ausgestattete Schnellsegler zur Beförderung verderblicher Waren, die in der Mitte des 19. Jahrhunderts eine ebenso spektakuläre wie kurze Blüte erlebten. Klipper wurden wie moderne Regattayachten auf Biegen oder Brechen gegeneinander gesegelt. Sie trugen stolze Namen wie FLYING CLOUD, ARIEL, CUTTY SARK oder THERMOPYLAE. Sie transportierten Tee von China nach England, Pakete über den Atlantik und Goldgräber von der US-Ostküste rund Kap Hoorn nach Kalifornien. Mit einer Länge zwischen 40 und 60 Metern waren die Klipper vergleichsweise klein, doch erreichten sie seinerzeit mit 17 Knoten die Geschwindigkeit moderner Containerschiffe. Die berühmtesten Klipper stammten aus den USA, sie waren in Holz gebaut. Bald darauf bauten die Briten Klipper in Komposit und schließlich ganz in Eisen. Auch die große Handels- und Schiffbaunation Niederlande hatte Klipper unter ihrer Flagge laufen, sie segelten nach Ostindien.

Die Niederlande waren bei Windjammer-Paraden stets mit einer großen Zahl Segler vertreten – doch ein wirklich repräsentatives Schiff war nicht darunter. 1995 beschlossen die Stadt Amsterdam und die Firma Randstad, hier Abhilfe zu schaffen und einen echten Klipper auf Stapel zu legen. Nach fünf Jahren waren 31 Millionen Mark verbaut, aber der Klipper STAD AMSTERDAM schwamm – und wie! Mit seinem dunkelblauen schnittigen Rumpf und originalgetreuen Holzaufbauten unter dem mächtigen Rigg eines Vollschiffes erinnert dieser Segler wirklich an die große Zeit der Klipper. Welche Leistungen in diesem Schiff stecken, mag ein kurzer Vergleich veranschaulichen.

Die Bark GORCH FOCK der Deutschen Marine trägt bei einer Länge von 89 Metern und einer Wasserverdrängung von 1760 Tonnen rund 2000 Quadratmeter Segelfläche. Sie gilt als besonders schneller Windjammer, der stolz auf manche Rekordreise zurückblicken kann. Die STAD AMSTERDAM ist 60 Meter lang, dabei 700 Tonnen leichter und trägt an ihren drei Masten 2200 Quadratmeter Segelfläche. Weniger Gewicht, mehr PS, könnte man sagen. Aber darauf kommt es nicht an. Die Niederlande hatten eine würdige Repräsentantin der Seefahrt bekommen, und die internationale Rahseglerflotte ist um den ersten echten Klipper ergänzt.

Gab es zur Sail 1995 noch besorgte Fragen, ob der neue Boom der Segelschiffahrt nicht schon seinen Zenith überschritten habe, so zweifelt heute niemand mehr: Wenn sich im Jahre 2005 die Windjammer erneut zu einer Sail-Parade in Bremerhaven treffen, dann wird „der Schiffe Mastenwald" noch um ein paar Hektar größer sein.

Svante Domizlaff

Über den großen Teich

Das Jahr der großen Windjammer-Paraden begann am 8. März 2000 in Lissabon, als eine Flotte von Yachten unter Führung des portugiesischen Schulschiffes SAGRES von Lissabon nach Rio de Janeiro aufbrach, um mit einer Schiffsparade die Entdeckung Brasiliens vor 500 Jahren zu feiern. Am 14. April segelte eine Flotte von Tallships von Southampton über Bermuda und Boston zurück nach Amsterdam gleich zweimal über den großen Teich. Am 3. Juli begrüßte New York Großsegler aus aller Welt zur Operation Sail 2000, wo ein Gewittersturm über die Flotte herfiel. Zur Parade am 4. Juli, dem amerikanischen Nationalfeiertag, sah Präsident Clinton die Schiffe in der Flaute liegen.

Vorhergehende Seite: Die SAGRES auf dem Weg von Lissabon nach Brasilien.

Schulschiffe an der Pier 86 in New York. Im Vordergrund liegt die SIMON BOLIVAR aus Venezuela, eine 1980 gebaute Bark der Kriegsmarine ihres Landes.

Vor der Skyline von Manhattan, am South Street Seaport Museum, haben drei weiße Großsegler festgemacht: das Vollschiff DANMARK von der Ostsee, die Viermastbark KAIWO MARU II aus Japan und die portugiesische Bark SAGRES (von links).

Der Bug des argentinischen Vollschiffes LIBERTAD ragt hoch auf vor der Skyline der Stadt Boston. Im Hintergrund liegt die italienische AMERIGO VESPUCCI noch unter nackten Masten. Die Organisation in Boston war ein Desaster, das die Freude der Teilnehmer trübte.

Dichtes Gedränge im Hafen von Stockholm. Vor dem historischen Rathaus der Stadt hat nicht nur die Windjammer-Flotte festgemacht, sondern auch ein modernes Passagierschiff. Auf diesem Bild werden die unterschiedlichen Dimensionen neuer und alter Schiffe deutlich.

Auf dem Weg von Stockholm nach Flensburg haben die italienische Barkentine PALINURO und die Bark ALEXANDER VON HUMBOLDT alle Segel gesetzt, um den leichten Wind auszunutzen. Der Gegenwind zwang viele Rahsegler später zur Aufgabe der Regatta.

Ein seltener Gast auf der Flensburger Förde: die mexikanische Bark CUAUHTEMOC. Das Schiff trägt den Namen des letzten Aztekenkaisers. Der 90 Meter lange Dreimaster wurde 1982 in Spanien gebaut, er trägt eine Segelfläche von 2200 Quadratmetern.

Zur Sail Flensburg hatte die Flotte auf der Südseite des Hafens in langer Reihe festgemacht. Den Preis der Cutty Sark Tall Ships-Regatta erhielt die mexikanische CUAUHTEMOC, obwohl sie auf dem Weg nach Flensburg den vorgeschriebenen Regattakurs nicht einhielt.

Einmal über die Ostsee nach Flensburg und Rostock

Während sich ein Teil der Windjammer auf der Westseite des Atlantiks bewegte, nahm die große Zahl der europäischen Oldtimer am Cutty Sark Tall Ships' Race teil. Die Reise über die Ostsee litt unter Flauten und Gegenwind. In der Flensburger Förde konnten sich die Crews nur kurz ausruhen (Foto oben), denn zum Paradetag hatte ein plötzlich aufkommender Westwind für eine überraschende Situation gesorgt. Vom 10. bis 13. August trafen sich die Windjammer zur Hansesail in Rostock, die mit mehr als einer Million Besucher ein perfekt organisiertes Spektakel war. Die Hansesail erwies sich als Höhepunkt der Ostseesaison – 200 kleinere und große Segler machten in Rostock fest.

Einlaufen der großen und kleinen Schiffe auf der Warnow zwischen Warnemünde und Rostock. Die Hansesail 2000 erwies sich als eine der gelungenen Veranstaltungen im Zuge der vielen Windjammer-Treffen. Links die riesigen Containerbrücken am Hafen.

Zu Füßen der Rostocker St. Petri-Kirche (1232-1252) drängt sich die Flotte der kleineren Hansesail-Teilnehmer. In der Mitte die Barkentine THALASSA aus Holland. Das Charterschiff wurde 1980 als Tiefsee-Trawler gebaut und 1980 mit einem Rigg versehen.

Sail 2000 Amsterdam

Schon sechsmal war die Hauptstadt der Niederlande Gastgeberin einer Windjammer-Parade. Eine Flotte von 25 Tallships der Klasse A und 950 Schiffe der holländischen Traditionsflotte sorgten dafür, daß die Sail 2000 Amsterdam wieder zu einem besonderen Ereignis wurde. In Amsterdam vereinigten sich die Flotte der Transatlantik-Segler der International Sail Training Association und der baltischen Teilnehmer des Cutty Sark Baltic Race. Sogar aus Japan (AKOGARE) und Indonesien (ARUNG SAMUDERA) hatten sich Teilnehmer angemeldet. Am 24. August gingen alle Schiffe gemeinsam auf den Kurs von IJmuiden nach Amsterdam und feierten anschließend vier Tage lang ein Fest.

Den kurzen Törn nach Amsterdam hatte auch die UBENA VON BREMEN gewagt, der Nachbau einer Kogge aus dem 14. Jahrhundert, die nur ein einziges Segel trägt.

Dichtes Gedränge im Hafen von Amsterdam. Segler und alte Dampfschiffe nahmen gemeinsam an der Parade teil. Im Mittelpunkt des Fotos die eiserne Bark EUROPA. Das 1910 gebaute ehemalige deutsche Feuerschiff ist in Amsterdam zuhause.

Von Zuschauern dicht umlagert die beiden norwegischen Teilnehmer der Sail Amsterdam, die Schulschiffe SØRLANDET, gebaut 1927, und die STATSRAAD LEHMKUHL, gebaut 1914 in Geestemünde, an deren Heck sich eine mächtige norwegische Nationalflagge im Winde bläht.

Nicht viel Wind in Amsterdam, doch so konnten die Paradeteilnehmer wenigstens Vollzeug setzen. Im Vordergrund der japanische Dreimast-Toppsegelschoner AKOGARE, im Besitz der Stadt Osaka, dicht dahinter das ukrainische Vollschiff KHERSONES.

Zur Flotte der Traditionsschiffe und zum Beiprogramm von Windjammer-Paraden gehören schon längst auch die Veteranen des Dampfantriebs. Hier eine Anzahl blumengeschmückter Dampfschlepper, darunter einer mit dem schönen Namen HERCULES.

Vorbild beim Bau der STAD AMSTERDAM waren die Klipper aus der Mitte des 19. Jahrhunderts. Das 1999 in Dienst gestellte Vollschiff nahm in der Stadt, deren Namen es trägt, erstmals an einer Parade teil. Der Segler ist ein besonderer Blickfang.

An die große Zeit des niederländischen Schiffbaus erinnert der Nachbau des schwerbewaffneten Ostindienfahrers BATAVIA aus dem 17. Jahrhundert. Königin Beatrix taufte das 1995 fertiggestellte Schiff, an dem bis in die Details der Einrichtung alles stimmt.

Das Gros der Flotte fand in den Hafenbecken des Kaiserhafens und des Neuen Hafens (Bildmitte) einen Liegeplatz.

Ankunft an der Weser

Eine perfekte Organisation und einen perfekten Liegeplatz – das erwarten die Teilnehmer von dem Veranstalter der Sail 2000 Bremerhaven. Und das bekommen sie. Bei ruhigem und freundlichem Spätsommerwetter traf die Flotte nach und nach an der Weser ein. Ein Schiff nach dem anderen schleuste durch die Kaiserschleuse in den Kaiserhafen (oben im Bild) und in den Neuen und Alten Hafen, wo sich die genau festgelegten Liegeplätze befanden. Zwischen Seedeich und City bildeten die Segler den Mittelpunkt des Festes, gut erreichbar für alle Besucher.

Im Alten Hafen, Ostseite: von rechts der Klipper STAD AMSTERDAM, daneben der weiße Dreimast-Gaffelschoner ANNY VON HAMBURG; davor liegen CHRISTIAN RADICH, DAR MLODZIEZY und CONCORDIA (folgende Doppelseite).

Im neugotischen Stil gebaut: der Große Leuchtturm, seit 1855 in Betrieb.

Com

Blick vom Deich auf das Westufer des Neuen Hafens. Im Hintergrund die Große Kirche von Bremerhaven.

Bugschmuck der SCHULSCHIFF DEUTSCHLAND. Das 1927 in Bremerhaven gebaute Schulschiff wurde erst kürzlich überholt.

Ein hübsches niedliches Mädchen, eine „seute Deern", schmückt den Bug der hölzernen Bark SEUTE DEERN im Museumshafen.

Als Galionsfigur trägt der niederländische Toppsegelschoner MARE FRISIUM eine barbusige Meerjungfrau mit Fischschwanz.

Der Schwan hat seine Schwingen am Bug der niederländischen SWAN FAN MAKKUM ausgebreitet. Die Brigantine gilt als schnell.

Palinuro war der Steuermann des Aeneas. Als vergoldete Figur trägt ihn die gleichnamige italienische Barkentine am Steven.

Nackt und besonders hübsch, so stellen sich die Erbauer die Namensgeberin der niederländischen Bark EUROPA vor.

Ein grimmiger gekrönter Löwe als Galionsfigur der russischen Fregatte SHTANDART, die nach einem Vorbild von 1703 entstand.

Auch in Norwegen tragen Segelschiffe Galionsfiguren. Die Dame in Blau gehört zum Vollschiff CHRISTIAN RADICH, gebaut 1937.

Begleiter aller Kap Hoorn-Segler ist der Albatros. Der große Vogel mit dem charakteristischen gekrümmten Schnabel gilt als Glücksbringer der Seeleute und wurde als Galionsfigur für die Bark GORCH FOCK der Deutschen Marine gewählt.

Drei weiße Schönheiten aus den benachbarten Niederlanden spiegeln sich im stillen Hafenwasser. Vorn die Brigg APHRODITE, dahinter die Bark EUROPA mit lose untergeschlagenen Rahsegeln und dahinter der Dreimast-Toppsegelschoner MARE FRISIUM.

Fest vorn und achtern! Die norwegische Bark STATSRAAD LEHMKUHL ist pünktlich in Bremerhaven angekommen. Im Hintergrund das Columbus-Center, die weithin sichtbaren Hochhaustürme der Weserstadt.

Imposanter Besuch aus Polen und Argentinien, die Vollschiffe DAR MLODZIEZY und LIBERTAD. Klein im Hintergrund: die Brigantine GREIF.

Zur Feier des Tages haben einige Schiffe über die Toppen geflaggt. Die amerikanische PRIDE OF BALTIMORE II und die französische BELEM sind im Gewirr der Wanten und Stage kaum auseinanderzuhalten.

Besuch an Bord der GRÖNLAND, deren großes Gaffelsegel hier fein aufgetucht ist. Die hölzerne Nordische Jagt, einst Expeditionsschiff zum Nordpol, wurde 1867 in Norwegen gebaut und ist das älteste Segelschiff unter deutscher Flagge.

Auch die kleineren historischen Segler sorgen für das Interesse des Publikums. Immer wieder faszinierend die Verarbeitung von Holz, hier am Beispiel eines geklinkerten Beiboots gut zu erkennen – es gehört zur GRÖNLAND.

Bremerhavens Museumsschiff SEUTE DEERN stand Pate bei diesem bunt illuminierten Süßigkeiten-Stand. Die Front schmückt das Schlüssel-Wappen Bremens und das Schiffswappen Bremerhavens.

Roter Sand ist der berühmte Leuchtturm in der Wesermündung. Er stand Pate bei der Namensgebung dieses Marktstandes für Fischbrötchen. Unter dem Motto „Rettet Roter Sand" wurde Geld zur Restaurierung des 1885 erbauten Seezeichens gesammelt.

Ohne Zucker geht es nicht. Zuckerwatte und Lollis sind die Synonyme für das Marktvergnügen. Wenn das Ganze dann auch noch bunt angemalt ist, dann kleben jung und alt mit Zunge und Augen fest.

Bremens Schiffe haben Weltruf, Bremens bayerische Bratwürste nicht weniger. Ein halber Meter zart gegrilltes Schweinefleisch in Stangenform bildet eine gute Grundlage für das folgende Bier.

In aller Lichterpracht liegt die Windjammer-Flotte im Neuen Hafen vereint.

Kapitän John Schamong hat das Segeln auf dem IJsselmeer gelernt, er ist Vater von vier Kindern.

GORCH FOCK-Kapitän John Schamong

Es ist schon etwas besonderes, Kapitän des berühmtesten deutschen Schiffes zu sein. Kapitän zur See John Schamong, 48, hat es geschafft. Der gebürtige Kölner ist Kommandant des Segelschulschiffes der Deutschen Marine und damit Herr über rund 250 Mannschaftsmitglieder und mehr als 2000 Quadratmeter Segelfläche. Die Schifffahrt liegt ihm im Blut. Schamongs Vater war U-Boot-Kommandant, und er selbst ist auch in der Freizeit ein tüchtiger Sportsegler.

Auf dem Bild links sehen wir die GORCH FOCK über die Toppen geflaggt. Längsseits liegen die beiden Hochsee-Schulyachten der Dänischen Marine, die yawlgetakelten THYRA (rechts) und SVANEN.

Das schnellste Schiff der Windjammer-Flotte

Mit ihrem schlanken, dunkelblauen Rumpf und dem harmonischen Rigg sorgte die funkelnagelneue STAD AMSTERDAM für besonderes Aufsehen in Bremerhaven: In der Parade führte sie die dritte Gruppe an. Das Vollschiff aus den Niederlanden ist der originalgetreue Nachbau eines Klippers, jener Schnellsegler aus der Mitte des 19. Jahrhunderts, die die Engländer als „thoroughbreds", als Vollblüter bezeichnen. Sie transportierten leichte und verderbliche Waren, Tee, Gewürze, Wolle, Pakete und Passagiere, die es eilig hatten, zu den Goldfeldern Kaliforniens zu gelangen. In Verbindung mit modernster Technik und Materialien ist den Niederländern ein atemberaubend schönes und schnelles Schiff gelungen. Bei günstigem Wind kann die Segelfläche durch Leesegel vergrößert werden, so wie bei dem vielleicht berühmtesten Klipper, der den Namen FLYING CLOUD trug – fliegende Wolke.

An Deck alles vom Feinsten – die Nagelbank ist vorbildlich aufgeschossen.

Von der Amstel an die Weser: Oranjes neuer Stolz, der vollgetakelte Klipper STAD AMSTERDAM ist das Schmuckstück der internationalen Windjammer-Flotte.

Das Steuerrad zeugt von gediegener Schiffszimmerarbeit.

Unverzichtbar: die Schiffsglocke auf dem Bug.

Ganz schön gewagt – die aus einem Künstlerwettbewerb hervorgegangene Galionsfigur.

Die von Gerard Dijkstra entworfenen Räume vermitteln unter Deck klassisches Schiffsambiente.

Wunderschöne Vollholz-Arbeiten nach historischen Vorbildern – u. a. ausgeführt von jungen Arbeitslosen in Amsterdam.

Kapitän Gennady Kolomensky von der KRUZENSHTERN

Der gebürtige Kronstädter fing 1969 als Matrose mit dem Segeln auf der KRUZENSHTERN an. Ende 1974 begann er seine Ausbildung zum nautischen Offizier auf dem Marine-College in Leningrad. Seine aufregendsten Reisen führten von Sydney nach Liverpool (1984) und 1992 über den Atlantik im Rahmen der Kolumbus-Regatta. Der 1926 als PADUA in Bremerhaven gebaute Großsegler mit mehr als 3500 Quadratmetern Segelfläche hat eine Besatzung von rund 220 Mann und ist Schulschiff der Baltischen Akademie in Kaliningrad. Seit seiner Zeit als Kap Hoorn-Fahrer, damals noch unter deutscher Flagge, hat das Schiff eine Reihe von Umbauten erlebt. Besonders die Aufbauten an Deck sorgen nun für mehr Sicherheit und Bequemlichkeit.

Die russische Viermastbark KRUZENSHTERN lag auch in diesem Jahr wieder an der Seebäderkaje vor der Strandhalle in der Weser.

Mit ihrer flaschengrünen Rumpffarbe und den ebenso grünen Segeln gehört die in Bremerhaven beheimatete ALEXANDER VON HUMBOLDT zu den bekanntesten Seglern in Deutschland. Im Hintergrund das argentinische Schulschiff LIBERTAD.

300 Jahre Schiffbau auf einem Bild vereint: Rechts der Nachbau einer russischen Fregatte von 1703, die SHTANDART, links LA RECOUVRANCE, Nachbau eines schnellen französischen Kriegsschiffes von 1817 und daneben der holländische Schoner ZUIDERZEE.

Drei ganz unterschiedliche Schiffstypen sind auf diesem Foto vereint: Die PRIDE OF BALTIMORE II ist ein Schnellsegler aus den USA, typisch der starke Mastfall. In der Mitte VROUWE LINDA, eine holländische Tjalk, und rechts das Polarexpeditionsschiff GRÖNLAND.

Burghard Pieske – der bekannte Hochseesegler – am Steven seiner WIKING SAGA.

Moderne See-Abenteurer

Ihre Schiffe gehören zu den kleinsten der Sail, aber mit ihren Abenteuer-Fahrten sind sie die größten Seeleute. Zwei deutsche Weltreisende besuchten die Sail 2000 und tauschten Erfahrungen mit internationalen Segelkameraden aus. Burghard Pieske stellte seine WIKING SAGA am Neuen Hafen aus, einen Nachbau der berühmten Wikinger-Langschiffe, mit dem der Lübecker den stürmischen Nordatlantik auf dem Entdeckerkurs der Wikinger überquerte. Der Polarsegler Arved Fuchs aus Bad Bramstedt lief Bremerhaven mit seinem Expeditionsschiff DAGMAR AAEN an. Gerade erst war er von einer Abenteuerfahrt im südlichen Polarmeer zurückgekehrt, wo er auf den Spuren des Polarforschers Shackleton segelte. Fuchs hatte mit seinem Kutter zuvor die Nordwestpassage bezwungen.

Die Rekonstruktion des Wikinger-Schiffes aus dem 8. Jahrhundert wurde in traditioneller Klinkerbauweise in Kirchdorf auf der Ostseeinsel Poel gebaut.

Arved Fuchs kehrte rechtzeitig zur Sail von seiner Reise aus der Antarktis auf den Spuren des Polarforschers Sir Ernest Shackleton zurück.

Die DAGMAR AAEN ist ursprünglich ein 1931 in Esbjerg (Dänemark) gebauter Haikutter aus Holz.

Das will erst einmal gelernt sein: Auslegen auf den Rahen und Segel auftuchen.

Auch junge Schwedinnen träumen von der weiten See.

Aufentern in den Fockmast – über 30 Meter hoch.

Über 1000 Quadratmeter Segel bringen die GUNILLA schnell voran.

Segeln und lernen an Bord der Bark GUNILLA

Segeln an Bord eines Rahseglers zu lernen gilt nicht nur als seemännische und soziale Schulung, wie sie bei der Marineausbildung gefragt ist. Viele kleinere und größere Windjammer werden heute tatsächlich als schwimmende Schulen genutzt. Schwedens größter Rahsegler, die 1940 gebaute GUNILLA, ist ein gutes Beispiel dafür. Auf Drei-Monats-Törns erhalten hier jeweils 38 Schüler eine College-Ausbildung, während sie von Hafen zu Hafen reisen. An Bord untergebrachte Lehrer sorgen für den Unterricht, die Schulräume sind modern ausgestattet. Die GUNILLA, 49 m lang und mit 1060 Quadratmetern Segelfläche an den Masten, wurde 1997 vom Küstenmotorschiff zum Rahsegler umgebaut. Träger des Projektes ist eine Stiftung.

Die schöne schwedische Bark GUNILLA, Heimathafen Öckerö.

Bremerhavens Oberbürgermeister Jörg Schulz eröffnet mit drei kräftigen Schüssen aus der Salutkanone die Sail 2000.

Nicht weniger feierlich und mit einem flotten Marsch gibt das Marine-Musikkorps Nordsee seinen Beitrag zur Eröffnungszeremonie.

Ein besonders schöner Spiegel ziert die LA RECOUVRANCE und wünscht damit „glückliche Heimkehr“.

Für die mehr als eine Million erwarteter Besucher werden die Schiffe auf Hochglanz gebracht.

Publikumswirksam zeigen die Schiffszimmerleute ihr Handwerk – hier das Herstellen einer Klau.

Nach wie vor ein begehrtes Souvenir bei jung und alt: die Schiffsstempel der zahlreichen Traditionssegler.

Diese Tafel des Dreimast-Bermudaschoners CAPITAN MIRANDA berichtet von den Ausbildungsreisen des Jahres 2000.

Über diese Rattenabweiser kommen die possierlichen Tierchen bestimmt nicht an Bord der ALEXANDER VON HUMBOLDT ...

Zu jeder Windjammerparade gehört ein prächtiges Brillant-Feuerwerk.

Trotz strömenden Regens kamen an diesem Abend über 500 000 Besucher.

Das Feuerwerk wurde von Schiffen mitten im Weserstrom gezündet.

Großes Gedränge vor den Schleusen für das Auslaufen zur Parade.

Der Nachbau des Mississippi-Heckraddampfers, die LOUISIANA STAR, war eigens aus Hamburg nach Bremerhaven gekommen.

Die Schiffe werden mit Schlepperhilfe aus dem Hafenbecken zur Paradestrecke bewegt.

In Erwartung der Schiffe Mastenwald: An Bord der Fregatte SCHLESWIG-HOLSTEIN verfolgen Bundeskanzler Gerhard Schröder, Schirmherr der Sail 2000, und Niedersachsens Ministerpräsident Sigmar Gabriel die Parade.

Ein stürmischer Höhepunkt der Sail 2000

Daß Sail-Teilnehmer nicht nur Schönwettermatrosen sind, diesen Beweis konnten sie bei der Abschlußparade in Bremerhaven erbringen. Stürmischer Wind bis Stärke 7, dazu noch genau von vorn, verhinderte das Setzen der Rahsegel und verlangte dennoch festes Zupacken. So bewies die Nordsee an diesem Tag, daß mit ihr nicht zu spaßen ist, und die Seeleute bewiesen, daß sie mit ihr umgehen können. Zu einer unangenehmen, aber folgenlosen Kollision kam es, als die norwegische STATSRAAD LEHMKUHL von Strom und Wind auf die zu Anker liegende CHRISTIAN RADICH gedrückt wurde. Mehrere hunderttausend Menschen säumten die Ufer, Bundeskanzler Gerhard Schröder nahm die dreistündige Parade der 300 Schiffe aus 23 Nationen an Bord der Fregatte SCHLESWIG-HOLSTEIN ab. Insgesamt knapp zwei Millionen Menschen besuchten die Sail 2000. Eines ist sicher: Spätestens in fünf Jahren sind die Großsegler wieder da.

Groß und Klein stellen sich in 24 Gruppen zur Parade auf (vorhergehende Doppelseite). Traditionell führt das Schulschiff der Deutschen Marine, die Bark GORCH FOCK, die Parade an (oben).

Die stählerne Bark BELEM aus Frankreich transportierte früher Kakaobohnen aus Brasilien für eine Pariser Schokoladenfabrik.

Der ehemalige Fischkutter ASTARTE wurde 1903 in Finkenwerder gebaut.

Die Brigantine SWAN FAN MAKKUM wurde nach einem historischen Vorbild gebaut und ist am IJsselmeer zuhause.

Begegnung zweier Vollschiffe auf der Weser: LIBERTAD aus Argentinien (links) und DAR MLODZIEZY aus Polen.

Wegen zu starkem Wind standen die Kadetten dieses Mal nicht in den Rahen (oben). Der Star der Windjammer-Parade, die niederländische STAD AMSTERDAM, unter Fock, Klüver, Stag- und Besansegel (folgende Doppelseite).

Ein selten gewordener Schiffstyp: die Skagen-Galeasse CARMELAN ist heute in Flensburg beheimatet.

Die RYVAR entstand 1916 als Segellogger in den Niederlanden und fuhr jahrzehntelang im Heringsfang.

Die SHTANDART aus St. Petersburg ist der Nachbau einer russischen Fregatte aus dem Jahre 1703.

Die Gaffelketsch WYVERN VON BREMEN ist ein in Stahl nachgebauter Colin Archer. Sie segelt für die „Stiftung für Ausbildungsschiffe“.

Trotz wirtschaftlicher Probleme nehmen russische Großsegler an den Windjammertreffen teil. Hier die 1926 als PADUA in Bremerhaven gebaute KRUZENSHTERN (oben). Der Stolz der argentinischen Marine: das Vollschiff LIBERTAD (folgende Doppelseite).

Begegnung von Tradition und Moderne: die deutsche Bark ALEXANDER VON HUMBOLDT und das Kreuzfahrt-Passagierschiff ASTOR.

Nach einem wechselvollen Schicksal fährt der Dreimast-Gaffelschoner GROSSHERZOGIN ELISABETH heute für die Seemannsschule Elsfleth.

Die eiserne Bark EUROPA aus Amsterdam war einst deutsches Feuerschiff, u. a. ELBE 4 (1911-1914) und ELBE 3 (1918-1936).

1997 segelte das ukrainische Vollschiff KHERSONES um Kap Hoorn. Es ist Schwesterschiff der Großsegler MIR, PALLADA und DRUZHBA.

Aus Norwegen kommt das stählerne Vollschiff CHRISTIAN RADICH. Ende der 30er Jahre in Dienst gestellt, nimmt es heute junge Frauen und Männer für die Seefahrtsausbildung mit an Bord.

Auch das SCHULSCHIFF DEUTSCHLAND wurde 1927 in Bremerhaven bei Joh. C. Tecklenborg für die Kadettenausbildung gebaut. Die folgende Doppelseite zeigt die Großsegler SEDOV, KRUZENSHTERN, KHERSONES und das SCHULSCHIFF DEUTSCHLAND (v. r. n. l.).

СЕДОВ

Die CAPITAN MIRANDA segelt für die Offiziersausbildung der Marine von Uruguay, Heimathafen ist Montevideo.

Begrüßung der Paradeteilnehmer durch Bremerhavener Feuerlöschboote.

In dieser Paradegruppe fuhren u. a. MARE FRISIUM (rechts), gefolgt von PALINURO und SCHULSCHIFF DEUTSCHLAND.

Über eine halbe Million begeisterter Besucher säumten die Weserdeiche.

Die neue Brigg APHRODITE aus den Niederlanden bietet bis zu 40 Passagieren komfortable Charterfahrten.

Nach dem Willen seines Stifters wurde das Vollschiff SØRLANDET 1927 als Segelschiff ohne Motor für Ausbildungszwecke gebaut.

Der Rumpf der PEACE wurde als Ozeantrawler gebaut. Das Schiff war jahrelang für Expeditions- und Forschungszwecke im Einsatz.

Die Viermastbark SEDOV, ex KOMMODORE JOHNSEN, ex MAGDALENE VINNEN, zählt mit über 117 Metern Länge über alles zu den größten noch fahrenden Windjammern.

Alexander von Humboldt

Bark, Stahl; Bundesrepublik Deutschland
Eigner: Deutsche Stiftung Sail Training, Bremerhaven
Länge: 63 m; Breite: 8,02 m; Tiefgang: 4,80 m
Segelfläche: 1035 m²
Baujahr: 1906, als Feuerschiff RESERVE SONDERBURG, AG Weser, Bremen
Besatzung: 60 Mann

Die Bark ist das Flaggschiff der „Sail Training Association Germany" und nach der GORCH FOCK der größte in Fahrt befindliche Windjammer unter deutscher Flagge.

Nach dem Vorbild des Schnellseglers FÜRST BISMARCK konstruiert, wurde das Schiff 1906 bei der AG Weser in Bremen als Feuerschiff gebaut. Nachdem das Feuerschiff mit dem stabilen, aber sehr eleganten Rumpf 80 Jahre lang bei Sturm und Seegang den Schiffen den Weg gewiesen hatte, wurde es 1986 von seiner letzten Position abgezogen und für einen symbolischen Preis von der „Sail Training Association" übernommen.

Nach den Plänen des Chefkonstrukteurs der Danziger Lenin-Werft, Zygmunt Choren, von dessen Reißbrett auch die Konstruktionen der Vollschiffe des „Dar Mlodziezy"-Typs sowie die Barkentinen der „Iskra-Klasse" (wie die KALIAKRA) stammen, wurde beim Motorenwerk Bremerhaven mit dem Umbau zu einem Segel-Schulschiff begonnen.

Für den nötigen finanziellen Rückenwind des Unternehmens sorgen zwei Bremer Unternehmen, denen es zu verdanken ist, daß seit dem Frühjahr 1988 ein zweiter Rahsegler unter deutscher Flagge fährt.

Der „Windjammer für die Jugend" ALEXANDER VON HUMBOLDT segelt ganz im Geist der Idee, die See als Brücke internationaler Verständigung zu nutzen und den Jugendlichen unterschiedlicher Nationen den Wert von gegenseitiger Toleranz und freundschaftlichem Miteinander näherzubringen.

Belem

Bark, Stahl; Frankreich
Eigner: Fondation BELEM, Paris
Länge: 61,0 m; Breite: 8,8 m; Tiefgang: 3,5 m
Segelfläche: 1410 m²
Baujahr: 1896, Werft A. Dubigeon, Nantes/Frankreich

Als Frachtsegler fuhr die Bark bis 1913 in der Brasilienfahrt überwiegend Kakaobohnen von Para (= Belem, Brasilien) für eine Schokoladenfabrik in Paris. Der Herzog von Westminster erwarb den Segler dann, um ihn anschließend zur Privatyacht umzubauen: Das Schiff erhielt eine Hilfsmaschine, elektrisches Licht und ein vergrößertes Deckshaus kamen hinzu. 1921 wurde die Bark an Sir A. E. Guiness verkauft, der sie als Privatyacht unter dem Namen FANTOME II segelte und mit ihr 1923/24 eine Weltreise unternahm, die auch durch den Panama- und den Suezkanal führte.

Eine italienische Stiftung mit Sitz in Venedig kaufte 1951 die Bark, nannte sie nun nach dieser Institution GIORGIO CINI und takelte sie zur Barkentine um. Von dieser Stiftung wurden in erster Linie Waisen von Seeleuten und Fischern betreut, die an Bord dieses Seglers ausgebildet wurden. Ihr Liegeplatz war damals die Insel San Giorgio in Venedig, unmittelbar vor dem Schulgebäude der Stiftung.

Im Januar 1979 übernahm die französische Gesellschaft „Association pour la sauvegarde et la conservation des anciens navires français" den Segler, gab ihm den alten Namen BELEM zurück und überführte ihn nach Brest.

Die BELEM wurde nun gründlich überholt, instandgesetzt und wieder als Bark getakelt. 1986, im 90. Jahr ihres abwechslungsreichen Lebens, segelte sie nun wieder über den Atlantik: Ziel war New York, Anlaß war die Hundertjahrfeier der Freiheitsstatue in New York, einst ein Geschenk Frankreichs an die jungen Vereinigten Staaten von Amerika.

Christian Radich

Vollschiff, Stahl; Norwegen
Eigner: Østlandets Skoleskip, Oslo
Länge: 72,5 m; Breite: 9,7 m; Tiefgang: 4,5 m
Segelfläche: 1234 m²
Baujahr: 1937, Frammæs Mek. Verksted A/S, Sandefjord
Besatzung: 120 Mann

Benannt nach einem ihrer Gönner und Förderer lief die Christian Radich als Nachfolgerin der Brigg Statsraad Erichsen 1937 vom Stapel. Zusammen mit dem dänischen Vollschiff Danmark segelte sie 1938 anläßlich der Weltausstellung nach New York. Nach ihrer Rückkehr wurde das Schulschiff 1939 der Marine unterstellt.

Nach der Besetzung Norwegens wurde die Christian Radich von den Deutschen beschlagnahmt und als U-Boot-Depotschiff benutzt. 1943 nach Deutschland gebracht, fand man das Schiff ohne Takelage halb gesunken 1945 in Flensburg. Die Alliierten veranlaßten die Hebung und die Übergabe an die ursprünglichen Eigner.

Das Vollschiff wurde auf der Bauwerft instandgesetzt und nahm dann 1947 wieder den Dienst als Schulschiff unter Segeln auf.

1956/57 wurde auf und mit dem Schiff der Cinerama-Film „Windjammer" gedreht, der auch in Deutschland ein großer Erfolg wurde. Die Hauptrolle des shantysingenden Bootsmanns spielte Lasse Kolstadt, der Anfang der 70er Jahre, als der Segler abgewrackt werden sollte, die Gesellschaft zur Rettung der Christian Radich initiierte.

Neben der Charlotte Rhodes spielte das Vollschiff in der Filmserie „The Onedin Line" mit und segelte dann 1976 die Großsegler-Regatta über den Atlantik.

1983 gründlich überholt und modernisiert, nahm der Segler 1984 an der Großsegler-Parade in Quebec teil und segelte 1986 zur New York OpSail. 1992 sah man das Vollschiff auch im Teilnehmerfeld der Kolumbus-Regatta über den Atlantik.

Dar Mlodziezy

Vollschiff, Stahl; Polen
Eigner: Seefahrtsakademie, Gdynia, Polen
Länge: 105,4 m; Breite: 13,97 m; Tiefgang: 6,32 m
Segelfläche: 2780 m²
Baujahr: 1982, Lenin-Werft, Gdansk, Polen
Besatzung: 196 Mann

Wie in der Sowjetunion, legt man auch in Polen besonderes Gewicht auf die Ausbildung von seemännischem Nachwuchs auf klassischen Rah-Seglern. Um die Flotte der Windjammer zu erweitern, begann man in den 80er Jahren eine Reihe von Neubauten, die großenteils vom Reißbrett des polnischen Konstrukteurs Zygmunt Choren stammen. Die Dar Mlodziezy ist der Prototyp einer Reihe von vier Nachbauten, zu denen beispielsweise die Mir und die Druzhba gehören, die beide wie die Khersones und die Pallada unter sowjetischer Flagge fahren.

Die Sowjets hatten zur Erweiterung ihrer Windjammer-Flotte Schiffe des „Dar Mlodziezy"-Typs in Polen bestellt, da das Konzept dieser Schiffe eine besonders gelungene Synthese zwischen traditioneller Schiffahrt an Bord eines Rahseglers und den Aufgabenstellungen moderner Motorschiffe ist.

Seit ihrer Indienststellung hat die Dar Mlodziezy zahlreiche Ausbildungsreisen ins Ausland unternommen, wozu auch eine Weltumseglung und die Umrundung des gefürchteten Kap Hoorn gehörte.

Gut erkennbar ist die Dar Mlodziezy, deren Name übersetzt „Geschenk der Jugend" bedeutet, an ihrem charakteristischen modernen Plattgattheck.

Die Dar Mlodziezy ist Nachfolgerin des Vollschiffes Dar Pomorza, das heute als schwimmendes Museum im Hafen von Gdynia liegt.

FRYDERYK CHOPIN

Brigg, Stahl; Polen
Eigner: International Class Afloat Foundation, Warschau
Länge: 55,5 m; Breite: 8,5 m; Tiefgang: 3,8 m
Segelfläche: 1200 m²
Baujahr: 1991, Schiffswerft Gdansk
Besatzung: 54 Mann

Die Idee eines schwimmenden Klassenzimmers wurde in Polen schon 1983 verwirklicht. Zuerst segelte man auf Hochseeyachten später mit der Barkentine POGORIA. 1991 begann man mit dem Bau der schmucken weißen Brigg FRYDERYK CHOPIN nach den Zeichnungen von Zygmunt Choren.

Rumpf und Rigg vereinen die Vorteile eines Rahseglers mit denen einer großen Tourenyacht. Diese neue Brigg gilt als ausgesprochener Flautenläufer.

Das erste und erfolgreiche Auftreten in internationalen Gewässern war die Teilnahme an der Kolumbus-Regatta 1992 über den Atlantik. Die polnische Stammcrew und die Kadetten aus Schottland boten ein beachtetes und sympathisches Bild internationaler Seemannschaft. Kapitän ist Christoph Baranowski, der sich auch als Einhand-Weltumsegler einen guten Ruf erworben hat.

GORCH FOCK

Bark, Stahl; Bundesrepublik Deutschland
Eigner: Bundesmarine, Kiel
Länge: 89,32 m; Breite: 12,0 m; Tiefgang: 5,25 m
Segelfläche: 2037 m²
Baujahr: 1957, Blohm & Voss, Hamburg
Besatzung: 234 Mann

Deutschlands größtes Segelschiff, das Schulschiff GORCH FOCK, benannt nach dem See-Schriftsteller Hans Kinau, der unter diesem Pseudonym schrieb, wurde 1958 in Dienst gestellt.

Noch unter dem Schock, den der Untergang des Schulschiffes PAMIR 1957 im Orkan im Atlantik ausgelöst hatte, wurde auf größtmögliche Sicherheit besonderer Wert gelegt und durch entsprechende Stauung von Festballast eine überragende Stabilität erreicht.

Seit ihrer Indienststellung hat die GORCH FOCK ihre Aufgabe, die Ausbildung von seemännischem Nachwuchs sowie Werbung für die Bundesrepublik im Ausland als „Botschafterin unter Segeln" zu betreiben, mit großem Erfolg wahrgenommen.

Die GORCH FOCK ist eine der drei „Schwestern", die in Bremerhaven erstmals seit Jahrzehnten wieder in Kiellinie fuhren. Zusammen mit der TOWARISCHTSCH (ex GORCH FOCK I) und der SAGRES II (ex ALBERT LEO SCHLAGETER) entstanden in den Jahren 1933 bis 1938 insgesamt vier Barken in Serie, die auf der Werft Blohm & Voss für die Reichsmarine gebaut wurden. Alle Schiffe wurden praktisch nach denselben Rissen gebaut; lediglich in den Abmessungen unterscheiden sie sich etwas.

Die Erkenntnisse und Erfahrungen, die man beim Bau und den Fahrten der Segelschulschiffe GORCH FOCK I, ALBERT LEO SCHLAGETER sowie HORST WESSEL (heute EAGLE) gewann, wurden beim Bau der GORCH FOCK II 1957 berücksichtigt.

Die vierte Bark der ursprünglichen Baureihe, MIRCEA, von Rumänien in Auftrag gegeben, befindet sich ebenfalls noch in Fahrt.

GREIF

Brigantine, Stahl; Deutschland
Eigner: Förderverein Rahsegler „Greif" e.V. / See- und Tauchsportzentrum Greifswald
Länge: 41,0 m; Breite: 7,4 m; Tiefgang: 3,6 m
Segelfläche: 570 m^2
Baujahr: 1951, als WILHELM PIECK, Warnow-Werft, Warnemünde
Besatzung: 44 Mann

Das Schiff ist die letzte echte Brigantine, die gebaut wurde, und eine der ganz wenigen, die heute noch fahren. Dieser schnelle und scharf gesegelte Schiffstyp war im 19. Jahrhundert bei der Küstenschmuggelei sehr beliebt und selbstverständlich auf der anderen Seite auch das wichtigste Fahrzeug des Küstenschutzes. Zudem konnte die Mannschaftsstärke klein gehalten werden, und so blieben auch genug Hände für die Geschützbedienung übrig.

1951 für die Regierung der damaligen DDR gebaut, wurden unter ihrem ex-Namen WILHELM PIECK über 6000 Seeleute ausgebildet. Nach der Wende war die Zukunft der Schonerbrigg ungewiß, aber dann haben sich Privatleute und vor allem Bürger, Politiker und der Magistrat der Hansestadt Greifswald für den Erhalt dieses schmucken Seglers eingesetzt. Nachdem die Treuhand das Schiff an die Stadt Greifswald übergeben hatte, wurde 1991 die Brigantine dann grundlegend saniert, umgebaut und modernisiert. Unter dem roten Greif, dem Wappentier von Greifswald und Pommern, gehen heute insbesondere junge Seefahrts- und Segelbegeisterte auf Charterreise.

GROSSHERZOGIN ELISABETH

Dreimast-Gaffelschoner, Stahl; Bundesrepublik Deutschland
Eigner: Landkreis Wesermarsch, Brake
Länge: 63,7 m; Breite: 8,32 m; Tiefgang: 2,36 m
Segelfläche: 1000 m^2
Baujahr: 1909, als SAN ANTONIO, Jan Smit, Ablasserdam/Niederlande
Besatzung: 51 Mann

Als SAN ANTONIO lief der Dreimast-Gaffelschoner 1909 von der niederländischen Werft Jan Smit, um als Frachtsegler die folgenden dreißig Jahre in der Frachtfahrt zwischen Nord- und Westafrika seinen Dienst zu tun.

Abgeriggt und unter schwedischer Flagge setzte das Schiff seine Laufbahn in den vierziger Jahren in der Küstenfahrt in schwedischen Gewässern fort, jetzt mit Namen BUDDI.

1973 kam der Gaffelschoner unter deutsche Flagge, als er von Kapitän Paschburg aufgelegt in einem kleinen schwedischen Hafen entdeckt und erworben wurde. Mit finanzieller Hilfe von Hamburger Reedern wurde „die alte Dame" nach Originalplänen mit einem vollständig neuen Rigg wieder in einen Segler verwandelt.

Als Privatschiff für Passagierkreuzfahrten erhielt der Schoner nun den Namen ARIADNE, bis es 1982 an den neugegründeten Schulschiff Verein in Elsfleth verkauft wurde.

Nach einem sehr wechselvollen Schicksal, das dem Schoner im Laufe der Jahre sechs Umbenennungen und die unterschiedlichsten Heimatreviere bescherte, wurde er nun, in Erinnerung an das 1901 für den Deutschen Schulschiff Verein gebaute Vollschiff GROSSHERZOGIN ELISABETH, umgetauft.

Nach einem weiteren gründlichen Umbau fährt der Schoner heute für die Seemannsschule Elsfleth, die mit dem Schiff Ausbildungsfahrten auf Nord- und Ostsee unternimmt.

KHERSONES

Vollschiff, Stahl; Ukraine
Eigner: Kherch Marine Technological Institute, Kherch (Schwarzes Meer)
Länge: 109,4 m; Breite: 14,0 m; Tiefgang: 6,6 m
Segelfläche: 2771 m²
Baujahr: 1988, Stocznia Gdanska (Danziger Werft), Gdansk/Polen
Besatzung: 40 Mann Stamm, 48 Kadetten, 3 Lehrer, 64–96 Mitsegler als Passagiere

Die KHERSONES gehört zur „Dar Mlodziezy"-Klasse und ist Schwesterschiff von MIR, DRUZHBA und PALLADA. Ihren Namen hat sie nach der antiken Stadt Chersones bekommen, die einst auf dem Gebiet des heutigen Sewastopol lag. Ursprünglich sollte das Schiff unter dem Namen ALEKSANDR GRIN segeln.

Führte sie zuerst die Flagge der damaligen UdSSR, trug sie nach der Aufteilung der Flotten zusammen mit der DRUZHBA und der TOWARISCHTSCH (ex GORCH FOCK I) die blaugelbe Flagge der neuen Ukraine.

Als Besonderheit verfügt das Vollschiff über eine zusätzliche Brücke, voll mit Navigationsinstrumenten und -geräten für die Ausbildung der Kadetten ausgestattet. Für den Unterhalt dieses modernen Windjammers tragen auch die Devisen der zahlreichen Passagiere bei.

Am 27. Oktober 1996 verließ die KHERSONES Kiel, für eine Reise rund um Südamerika gegen die Uhrzeigerrichtung. Dabei passierte sie am 26. Januar 1997 in 5,2 Seemeilen Abstand Kap Hoorn: Erstmalig seit PAMIR und PASSAT 1949 passierte wieder ein Windjammer Kap Hoorn nur unter Segeln von 50° Süd Pazifik bis 50° Süd Atlantik. Mit dieser seglerischen Leistung hat sich das Vollschiff weltweit Beachtung eingefahren.

KRUZENSHTERN

Viermast-Bark, Stahl; Rußland
Eigner: Baltic Fishing Fleet State Academy, Kaliningrad
Länge: 114,5 m; Breite 14,1 m; Tiefgang: 6,8 m
Segelfläche: 3427 m²
Baujahr: 1926, als PADUA, Joh. C. Tecklenborg, Geestemünde
Besatzung: 257 Mann

Die PADUA lief 1926 als letzte der fast baugleichen Viermast-Barken PAMIR und PASSAT von Stapel. Die drei großen Schwestern, wie die meisten Segler der Hamburger Reederei F. Laeisz und deren legendäre „Flying-P-Liner" als Kap-Hoorn-Segler gebaut, wurden in der Salpeter-Fahrt nach Südamerika und später in der Weizen-Fahrt nach Australien eingesetzt. Nach Port Lincoln, Süd-Australien, führte sie auch ihr Weg auf der Rekord-Reise 1933/34 von Hamburg aus in nur 67 Tagen.

Von Anfang an war die große Bark als kombiniertes Fracht-Schulschiff von Laeisz eingerichtet worden, und die vierzig Plätze für den Nachwuchs waren immer voll belegt.

Nach dem Krieg mußte der Segler an die UdSSR abgeliefert werden und galt genau wie die SEDOV (ex KOMMODORE JOHNSEN) viele Jahre als verschollen.

Umbenannt nach dem berühmten russischen Seemann und Forscher Adam Ritter v. Kruzenshtern kam das Schiff unter sowjetischer Flagge wieder in Fahrt, um jungen Seeleuten die Möglichkeit zu geben, ihr Handwerk unter Segeln zu erlernen.

Wie die Schulschiffe anderer Nationen, setzt auch die KRUZENSHTERN in diplomatischer Mission für ihr Land die Segel. Sie unternimmt nicht nur Ausbildungsfahrten, sondern ist seit vielen Jahren Teilnehmer internationaler Regatten und regelmäßiger und gern gesehener Gast in allen Häfen der Welt.

Die imposanten Dimensionen der KRUZENSHTERN machen sie immer zu einem Hauptanziehungspunkt bei jedem Stelldichein der letzten großen Rahsegler.

LIBERTAD

Vollschiff, Stahl; Argentinien
Eigner: Armada Republica Argentina (Argentinische Marine), Buenos Aires
Länge: 103,0 m; Breite: 13,8 m; Tiefgang: 6,65 m
Segelfläche: 2643 m²
Baujahr: 1953–1956, A.F.N.E. Astilleros Navales, Rio Santiago/ Argentinien
Besatzung: 351 Mann

Bereits 1953 auf Kiel gelegt, lief dieser Schulschiff-Neubau aber erst drei Jahre später vom Stapel, und es vergingen weitere Jahre, bis die Leinen im Sommer 1963 zur Auslandsreise losgeworfen werden konnten.

Zu der sechs Monate dauernden Reise, auf der unter anderem Lissabon, Le Havre und London angelaufen wurden, zählte auch ein zweiwöchiger Besuch im Hamburger Hafen. Damals bestaunten 30 000 Besucher an Bord diesen neuen Windjammer. Auf der Sail '89 in Hamburg wie ein Jahr später auf der Sail '90 in Bremerhaven war sie stets ein willkommener Gast.

Das Vollschiff hat sich immer wieder als ein schneller Segler erwiesen: 1966 wurden bei einer Ausbildungsreise unter Segeln 18,5 Knoten auf der Logge abgelesen. Auffallend sind die charakteristischen Aufbauten mittschiffs, eine Motorschiffsbrücke mit Nocken. Das schmucke weiße Schiff aus dem Südatlantik mit seinem stolzen Namen LIBERTAD, auf deutsch „Freiheit", ist den Erfordernissen einer zeitgemäßen Schulschiff-Ausbildung angepaßt. Eine ideale Ergänzung zu den traditionellen Trainingsplätzen im Fock-, Kreuz- oder Großmast, der 49,8 m hoch über Deck aufragt.

Vom Wappen der Argentinischen Marine am Heck abgesehen, trägt die LIBERTAD eine leichtbekleidete Frauengestalt als Galionsfigur; ein beliebtes Fotomotiv für Windjammer-Freunde aus aller Welt.

SEDOV

Viermast-Bark, Stahl; Rußland
Eigner: Marine State Academy, Murmansk
Länge: 117,5 m; Breite 14,6 m; Tiefgang: 8,1 m
Segelfläche: 4192 m²
Baujahr: 1921, als MAGDALENE VINNEN, Germania-Werft, Kiel
Besatzung: 220 Mann

Die SEDOV ist das größte Segelschulschiff der Welt und dient wie alle großen Rahsegler unter russischer Flagge der Ausbildung von seemännischem Nachwuchs. Der Ausbildung auf Segelschulschiffen wird in Rußland eine besondere Bedeutung zugemessen, und so ist es nicht verwunderlich, daß die verschiedenen Ministerien eine ganze Flotte größerer und kleiner Rahsegler und Schoner unterhalten, damit die angehenden Seeleute ihr Handwerk „von der Pieke auf" erlernen können.

Nachdem die SEDOV, 1921 für die Bremer Reederei F.A. Vinnen als MAGDALENE VINNEN gebaut, ihrem nassen Element übergeben wurde, diente sie als „frachtfahrendes Schulschiff mit Hilfsmotor" der Ausbildung, hauptsächlich in der Salpeterfahrt nach Südamerika. 1936 an den Norddeutschen Lloyd verkauft, lief sie nun unter dem Namen KOMMODORE JOHNSEN vornehmlich in der Weizenfahrt nach Australien, bis sie bei Kriegsende an die Sowjetunion abgegeben werden mußte.

Unter sowjetischer Flagge, nun nach dem russischen Polarforscher Georgij J. Sedov umbenannt, wurde sie lange Jahre nicht mehr gesehen und es wurde vermutet, daß sie nicht mehr existiert. Die Überraschung war dann im Frühjahr 1982 perfekt, als die Viermast-Bark wieder unter dem vollen Schmuck ihrer Segel zu Auslandsreisen auslief und seither ein regelmäßiger Teilnehmer bei den großen Rahseglertreffen ist.

STAD AMSTERDAM

Vollschiff, Stahl; Niederlande
Eigner: Rederij Clipper Stad Amsterdam
Länge: 78 m; Breite 10,5 m; Tiefgang: 4,8 m
Segelfläche: max. 2200 m^2
Baujahr: 1999, Damen Oranjewerf, Amsterdam/Niederlande
Besatzung: 125 Mann

Vorbild zum Bau der STAD AMSTERDAM waren die schnellen Klipper der Zeit um 1850, die – in den USA entwickelt – vornehmlich zum Transport leichter und eiliger Güter gebaut wurden. Die berühmtesten Klipper wurden als Passagierschiffe zwischen der US-Ostküste und den Goldfeldern Kaliforniens eingesetzt, in der Paketfahrt über den Atlantik, zum Transport von Tee zwischen China und England. Auch die Niederlande verfügten über einige dieser Schiffe, die zu den Kolonien in Ostindien fuhren.

Wie alle Klipper zeichnet sich die STAD AMSTERDAM durch einen vergleichsweise schlanken Rumpf, eine sehr große Segelfläche und besonders elegante Linien aus, die für geradezu yachtmäßige Segeleigenschaften sprechen. Konstrukteur ist der im Luxusyachtbau bekannte Niederländer Gerard Dijkstra.

Beim Bau der STAD AMSTERDAM achtete man besonders auf eine originalgetreue Optik sowie auf Leichtigkeit und gute Bedienbarkeit. So sind die Masten nicht wie üblich aus Stahl, sondern aus Aluminium hergestellt, das laufende Gut aus Kohlefaser-Tauwerk (Kevlar), das über verdeckte Trommelwinden (captive winches) bedient wird. Damit dürfte die STAD AMSTERDAM der schnellste Großsegler der Welt sein. Bereits auf der ersten Reise wurden Geschwindigkeiten jenseits von 15 Knoten erreicht, 20 Knoten sollten möglich sein.

Der niederländische Segler wurde gemeinschaftlich von der Stadt Amsterdam und dem Zeitarbeitsunternehmen Randstad finanziert, beim Bau halfen arbeitslose Jugendliche, die so eine Ausbildung erhielten. Die Baukosten lagen bei 31 Millionen Mark.

SØRLANDET

Vollschiff, Stahl; Norwegen
Eigner: Stiftelsen Fullriggeren Sørlandet, Kristiansand
Länge: 65,8 m; Breite: 9,7 m; Tiefgang: 4,7 m
Segelfläche: 1000 m^2
Baujahr: 1927, Høivolds Mek. Verksted, Kristiansand
Besatzung: 95 Mann

Das Vollschiff wurde 1927 als Schulschiff für die Seefahrtsschule Kristiansand gebaut. Der norwegische Reeder A.O.T. Skjelbred stiftete die Bausumme unter der Bedingung, daß keine Maschine eingebaut wurde.

1933 segelte SØRLANDET zur Weltausstellung nach Chicago. Die Reise führte über den St. Lorenz-Strom und die Großen Seen. Nach dem Ausbruch des Zweiten Weltkriegs übernahm die Marine das Schiff in Horten. Die deutschen Besatzungsbehörden beschlagnahmten das Vollschiff und legten es nach Kirkenes, wo es als Militär-Gefängnis Verwendung fand. Bombensplitter beschädigten den Rumpf so stark, daß es schließlich sank. Von den Deutschen gehoben, wurde es dann nach Kristiansand geschleppt, um dort als U-Boot-Depotschiff verwendet zu werden.

Nach Kriegsende übernahmen wieder die ursprünglichen Eigner den Segler und brachten ihn nach umfangreichen Reparaturen als Schulschiff in Fahrt.

Die SØRLANDET nahm am ersten Tall Ships Race 1956 teil. 1960, 1962, 1964, 1966 und 1968 segelte das Vollschiff immer im vorderen Feld auf den Windjammer-Rennen mit. 1973 wurde der Segler dann aus der Ausbildung für die Handelsschiffahrt entlassen und später an eine Stiftung verkauft.

Seit 1980 steht das Vollschiff nun für Trainees ab 15 Jahren zur Verfügung und segelt regelmäßig auf Tall Ships Races. Die Königlich Norwegische Marine hat die SØRLANDET für die Ausbildung ihrer Fähnrichskadetten zeitweilig gechartert.

STATSRAAD LEHMKUHL

Dreimast-Bark, Stahl; Norwegen
Eigner: Stiftung „Segelschiff Statsraad Lehmkuhl", Bergen
Länge: 98,0 m; Breite: 12,6 m; Tiefgang: 5,1 m
Segelfläche: 2000 m²
Baujahr: 1914, als GROSSHERZOG FRIEDRICH AUGUST,
J. C. Tecklenborg, Bremerhaven - Besatzung: 204 Mann

Eine recht bewegte Geschichte hat auch dieser Großsegler hinter sich: Vom „Deutschen Schulschiff-Verein" als drittes Schiff im Bunde mit GROSSHERZOGIN ELISABETH und PRINZESS EITEL FRIEDRICH in Auftrag gegeben, konnte der Segler jedoch nach seiner Fertigstellung 1914, bedingt durch den Ausbruch des Ersten Weltkrieges, keine größeren Ausbildungsfahrten mehr unternehmen.

Als Reparationsleistung kam die Bark nach Kriegsende an England, wo man aber keine rechte Verwendung für das Schiff fand, da dies als reines Schulschiff gebaut und nicht für Frachtfahrten geeignet war. 1922 wurde es dann an die „Bergen-Dampfschiff-Gesellschaft" verkauft, die die Bark ihrerseits 1923 an den Verband „Bergens Skoleskib" als Schenkung gab. Unter norwegischer Flagge und dem neuen Namen STATSRAAD LEHMKUHL machte das Schiff regelmäßige Ausbildungsfahrten, bis 1939 wieder Krieg ausbrach und deutsche Truppen den Segler in Bergen beschlagnahmten. Die Kriegszeit verbrachte die Bark als Depotschiff unter dem Namen WESTWÄRTS, bis sie 1945 an seinen Eigner zurückgegeben wurde und wieder den Namen STATSRAAD LEHMKUHL erhielt.

In der Nachkriegszeit wurden die Ausbildungsfahrten wieder aufgenommen, der hohen Unterhaltskosten wegen mußte das Schiff aber zeitweilig stillgelegt werden, und es sah ganz danach aus, als ob man die Bark verkaufen müßte. Mit Hilfe des Reeders Hilmar Reksten konnte der Segler dann 1969 grundüberholt und modernisiert werden. Heute verdient Norwegens größter und ältester Rahsegler seinen Unterhalt mit Chartertörns für zahlende Gäste, die in ihrem Urlaub eine Brise der alten „Segler-Romantik" unter Segeln nehmen wollen.

THOR HEYERDAHL

Dreimast-Toppsegelschoner, Eisen; Deutschland
Eigner: Thor Heyerdahl e.V., Kiel
Länge: 49,8 m; Breite: 6,5 m; Tiefgang: 2,3 m
Segelfläche: 630 m²
Baujahr: 1930, E.J. Smit & Zoon, Westerbroek
1979–1983 umgebaut in Kiel
Besatzung: 48 Mann

1930 lief der heutige Schoner als Motorschiff TINKA in den Niederlanden vom Stapel. Später unter den Namen MARGA HENNING, SILKE und MINNOW in Fahrt, wurde es 1979 von zwei Kapitänen, Gunther Hoffmann und Detlef Soitzek, erworben.

Der Umbau wurde mit dem Ziel vorgenommen, jugendpädagogische Arbeit auf einem Segelschiff zu leisten. Im Winter segelt der Schoner in den warmen Gewässern der Kanarischen Inseln und der Karibik, während im Sommer die Kurse in die Nord- und Ostsee abgesetzt werden.

Der Umbau unter Deck schuf mehrere Schlafräume, Stau- und Werkstatträume, Sanitäranlagen und die Kombüse. Der Schoner führt 12 Segel an den drei Masten, von denen der Großmast eine Höhe von 26,5 m über Deck mißt.

Glossar

abfallen Kursänderung eines Schiffes, so daß der Wind ganz oder fast ganz von hinten in die Segel fällt

Achterdeck über das Hauptdeck hinausragendes, erhöhtes Deck über dem achteren Teil des Schiffes, in dem die Achtergäste untergebracht sind und auf dem sie ihre Wache gehen (Kommandobrücke für Kapitän und Offiziere)

Achtergäste wurden auf den Segelschiffen der Kapitän und die Offiziere, auch Steuerleute, genannt, weil sie aus Überlieferung aus ältester Zeit immer im achteren Teil des Schiffes ihre Wohnung bzw. Unterbringung hatten

achtern der rückwärtige Teil des Schiffes; die Richtung nach hinten heißt „achteraus", die Richtung von hinten „achterlich"

Achtersteven siehe Steven

am Wind die äußerste Lage, in der ein mit dem Wind schräg von vorn segelndes Schiff noch Fahrt voraus macht

Ankerspill Winde zum Hochwinden (Hieven) des Ankers

anluven das Schiff näher an den Wind bringen

anschlagen ein Rahsegel an der Rah, ein Gaffelsegel an der Gaffel mit einem Anschlagbändsel befestigen

aufgeien das lose Zusammenraffen eines Rahsegels durch Holen der Geitaue und Gordings

Back Aufbau auf dem Vorschiff

back die nicht normale Stellung von Segeln, in die der Wind von vorn hineinbläst, so daß die Fahrt des Schiffes gebremst wird

Backbord linke Seite eines Schiffes, wenn man von achtern nach vorn blickt

Backbord-Bug ein Schiff segelt auf Backbord-Bug, wenn der Wind von Steuerbord kommt

Backbord-Halsen das Schiff segelt mit dem Wind von Backbord, und zwar so, daß der Wind nicht achterlicher als quer einkommt

backbrassen Schwenken der Rahen in die Stellung, in der die Segel den Wind von vorn bekommen. Man braßt back, um Fahrt aus dem Schiff zu nehmen

Ballast schweres Material, das im untersten Teil des Schiffes gelagert wird, um ihm Stabilität zu geben. Segelschiffe ohne Ladung mußten durchweg mit Ballast gefahren werden

beidrehen ein Schiff in schwerem Wetter vor kleinen Sturmsegeln so dicht an den Wind bringen, daß die Sturmsegel eben voll stehen; hierzu muß meist das Ruder hart nach Luv gelegt werden, dadurch macht das Schiff kaum Fahrt und treibt fast 90° zum anliegenden Kurs querweg; es liegt geschützt gegen Seeschlag und kann so fast jede Windstärke abwettern

Besanmast der achtere Mast auf einem größeren Segelschiff, das nicht als Vollschiff getakelt ist (ein Vollschiff trägt an allen Masten Rahen)

Beting auf dem Oberdeck angebrachte, senkrecht stehende Hölzer für die Befestigung der Ankertrossen

Bilge der unterste Raum eines Schiffes

Bramstenge der obere Teil eines Mastes auf einem Segelschiff; der Mast besteht aus drei Teilen: Untermast, Marsstenge und Bramstenge. Die Marsstenge wird mit einem Eselshaupt (eiserne Verbindung) vor den Topp des Untermastes gesetzt, und die Bramstenge ruht auf gleiche Weise vor dem Topp der Marsstenge; seit der Jahrhundertwende bestanden Marsstenge und Untermast aus einem Stück (Stahlrohr), auch Teleskopmast genannt

Brassen Taue und Drähte, mit denen die Rahen in einer horizontalen Ebene geschwenkt werden, um die Segelstellung der Windrichtung anzupassen

brassen das Schwenken der Rahen mit Hilfe der Brassen. Werden die Luvbrassen geholt, weil der Wind achterlicher wird, so spricht man von „aufbrassen"; das Gegenteil heißt „wegbrassen" oder auch „anbrassen"

Braßwinden erleichtern die Bedienung der Brassen für die drei unteren Rahen

BRT Bruttoregistertonne; der Bruttoraumgehalt, d.h. der gesamte Schiffsraum einschl. der Räume für die Antriebsanlage, die Schiffsführung, die Betriebsstoffe; 1 Registertonne = 100 englische Kubikfuß = 2,832 m^3

Bugspriet über den Vordersteven hinausragendes Rundholz oder Stahlrohr, das gleichzeitig die Verankerung der Drähte trägt, die den vorderen Mast von vorn stützen und außerdem die Vorsegel trägt

Bulleye deutsch: Bullauge; das runde Seitenfenster eines Schiffes

Dalben in den Grund gerammte Gruppe von mindestens drei starken Pfählen zum Festmachen von Schiffen oder zum Schutz von Kaimauern; eigentlich Duckdalben und zuerst verwendet bei der Aushungerung von Antwerpen durch die Spanier nach dem Abfall der Niederlande; benannt nach dem damaligen Oberkommandierenden, dem Herzog von Alba, auf französisch: Duc d'Albe

Donkeykessel kleiner Dampfkessel für Winschen, Decksmotor auf Segelschiffen

dwars seitlich vom Schiff, quer zum Kiel

Etmal die Distanz, die ein Schiff an einem Tag von Mittag zu Mittag zurücklegt

Faden Längenmaß: 1 Faden = 1,83 m = 6 Fuß, 100 Faden ergeben eine Kabellänge

Fall Tau oder Draht, mit dem ein Segel oder eine Rah hochgeholt wird, um das Segel zu setzen

fieren einen Gegenstand mittels Tau oder Drahtseil herablassen; auch das Nachlassen oder Losegeben von Leinen oder Ketten, die unter Zug stehen

Fußperten auch Fußpferde; die mit Garn bekleideten Drähte unterhalb der Rahen und des Klüverbaums, auf denen der Seemann steht, wenn er dort arbeitet

Galion Vorbau am Bug des Schiffes

Galionsfigur Bugfigur am Galion

Gangspill eine Winde mit senkrecht stehender Achse, die von mehreren Leuten mit großen Speichen, genannt Handspaken, gedreht wird, indem die Leute um das Spill herumgehen oder -laufen

Gatt der hintere Teil eines Schiffes. Ein Schiff liegt im Gatt, wenn es achtern tiefer taucht als vorn. Gatt dient auch zur Bezeichnung kleiner Öffnungen, durch die Wasser abfließen soll; z.B. die „Speigatten" in der Verschanzung

Geitaue Taue oder Drähte, mit denen man die unteren Ecken der Rahsegel zur Rah hochholt

glasen Angabe der Uhrzeit durch die Schiffsglocke, und zwar halbstündlich. Acht Glasen bedeutet das Ende der vierstündigen Wachzeit

Gordings Taue oder Drähte, mit denen man von Deck aus ein Rahsegel lose zusammenholt, bevor es von den Leuten auf der Rah mit „Zeisingen" festgemacht wird

Großrah die unterste Rah am Großmast

Großtopp Spitze des Großmastes oder der ganze Großmast

Großwant Want am Großmast

halsen das Schiff vor dem Wind herumdrehen, um den Wind von der anderen Seite einzunehmen

Handstropp kurze Tauschlingen, die am Jackstag befestigt sind, um den auf den Rahen arbeitenden Männern Halt zu geben, getreu der Devise: Eine Hand für Dich und eine für das Schiff; diese Schlingen werden im allgemeinen jedoch wenig benutzt

heißen (hieven) ein Gegenstand wird in die Höhe gezogen. Flaggen und Segel werden geheißt

Hulk Schiff, das dauerhaft verankert oder vertäut eine anderweitige Verwendung gefunden hat

killen Flattern eines Segels an seiner Vorderkante, wenn das Segel in einem zu spitzen Winkel vom Wind angeströmt wird

Klüse(n) eine Öffnung im Deck, Schanzkleid oder der Reling zum Durchziehen von Ketten oder Trossen

Klüverbaum über den Vorsteven hinausragendes Rundholz zum Befestigen von Vorsegeln; vgl. Bugspriet

Knoten Abkürzung: kn; Bezeichnung für die Fahrgeschwindigkeit eines Schiffes; 1 kn = 1 Seemeile/Stunde = 1852 m

Krängung seitliche Neigung des Schiffes

labsalben Tränken des Gutes mit Mitteln, die Wetterfestigkeit garantieren; alle mit Garn umwickelten Teile werden mit Holzteer getränkt; alle Drähte des laufenden Gutes werden mit einer Mischung aus Tran und Talg gelabsalbt; alle freien Drähte vom stehenden Gut werden mit grauer Farbe versehen

laschen/Lasching das Festzurren oder -schnüren von Gegenständen, um sie durch die Lasching gegen Verrutschen durch Seegang zu schützen

Lee die vom Wind abgewandte Seite eines Schiffes

Leesegel bei leichtem bis mäßigem achterlichem Wind angebrachte Zusatzsegel

Lenzpforten verschließbare Öffnungen in der Schiffsseitenwand zum Ablaufen des Wassers

Liek Tau oder Draht, mit dem die Segel eingefaßt werden, um sie zu versteifen

Log das Gerät, mit dem die Geschwindigkeit des Schiffes oder die zurückgelegte Distanz gemessen wird

Logis Unterkunftsräume der Mannschaft

Lose eine nicht durchgesetzte Leine hat „Lose"

Luv die dem Wind zugewandte Seite eines Schiffes

Luward die Seite des Horizontes, von der der Wind kommt; synonym mit „Luv"

Marlspieker starker Stahlpfriem zum Spleißen

Marspardun starker Eisendraht, der die Marsstenge oberhalb des gesetzten Marssegels von achtern abstützt; auf jeder Seite stützen drei Marspardunen

Marssaling ist ein Pleonasmus. Muß heißen: Entweder Mars = 1. Plattform im Mast, wo die Marsstenge anfängt, oder Saling = 2. Plattform im Mast, wo die Bramstenge anfängt

Marsstenge die auf den Untermast vorn aufgesetzte Verlängerung, die das Obermarssegel und das Unterbramsegel trägt

Nagelbank waagerechte Bänke an den Unterwanten oder am Mast mit Löchern für die einzusteckenden Koffeinägel

Nock das äußerste Ende oder die beiden Enden einer Spiere

NRT (Nettoregistertonne) Raummaß der geldverdienenden Räume eines Schiffes; also Laderaum und Passagierkabinen, 1 NRT = 2,8316 m^3

Pardunen Eisendrähte, die die Masten schräg nach achtern abstützen

Persenning Segeltuch zum wasserdichten Verschließen von Luken, Oberlichtern

Poop der erhöhte hintere Teil eines Schiffes

Prahm/Prähme kastenförmiger, offener Kahn mit flachem Boden zur Beförderung von Lasten und als schwimmende Arbeitsplattform

Pützen Wassereimer aus Holz oder Blech; aus Segeltuch gefertigt heißen sie Ammeral

Rah(e) Rundholz, das nach außen schlanker wird; es ist am Mast aufgehängt, um daran Rah-Segel anzubringen

Rahnocken die äußersten Enden einer Rahe

Rasmus grobe See, die an Deck überkommt; man sagt dann: „Rasmus steigt an Bord"; Ursprung des Begriffs unbekannt

raum Wind, der achterlicher als quer einkommt

raumen Wind, der seine Richtung in Bezug auf den Kurs des Schiffes im günstigen Sinne ändert

Reff(en) Verkleinern der Fläche eines Segels um ca. ein Drittel der Fläche; hierfür sind besondere Bändsel fest am Segel angebracht (Soldaten)

Rhee auch Ree; zusammengezogen aus „Ruder in Lee", Kommando, bei dem das Ruder hart nach Luv gelegt wird und auf der Back die Vorschoten aufgefiert, die Fockschot gefiert und den Fockbrassen Lose gegeben wird, um den Segeldruck vorn zu verringern; das Schiff kann nun bis etwa 1 Strich in den Wind drehen

Riemen Rundholz mit ausgearbeitetem Ruderblatt zum Rudern oder Wriggen

Rigg/Riggung die Takelage eines Segelschiffs

rollen Bewegung eines Schiffes infolge von Seegang nach beiden Schiffsseiten, also um die Längsachse

Royalstenge der obere Teil der Bramstenge, an der das Royal gefahren wird (6. Segel von unten); sie wird gehalten durch je eine Pardune nach achtern und das Royalstag nach vorn

schamfilen scheuern, reiben

Schot Bezeichnung für die Taue, Drähte oder Ketten, die ein Segel ausspannen und in der richtigen Lage halten

Schott(en) wasserdichte Längs- und Querwände in Schiffen

schralen Drehen des Windes in die für den Kurs des Schiffes ungünstige Richtung, d.h. der Wind wird vorlicher

Schratsegel alle Segel, die in der Ruhestellung längsschiffs sitzen, in der Kiellinie des Schiffes, also alle Stagsegel und die Schonersegel

schwoien vor der Ankerkette durch die Wirkung des Stromes herumdrehen

Seemeile Abkürzung sm; entspricht 1852 m Länge einer Bogenminute auf einem mittleren Erdumfang = 1600ster Teil des Erdumfangs

Segelschiften Segel wechseln, z.B. Passat-Segel gegen Sturmsegel austauschen

Sky-Segel leichtes Rah-Segel, das über dem Royal gesetzt wird

Spanten die Rippen eines Schiffes, an denen die Platten oder Planken der „Außenhaut" befestigt werden

Speigatt Abflußöffnungen für Wasser im Schanzkleid oder in der Außenhaut des Schiffes

Spieren seemännische Bezeichnung für Rundhölzer

Stag starker Draht, der einem Mast oder einer Stenge Halt gibt

Stenge eine Verlängerung des Mastes; zur Zeit der hölzernen Masten bestand ein Mast aus drei oder vier aufeinandergesetzten Stücken

Steuerbord die rechts liegende Seite eines Schiffes, wenn man von achtern nach vorn blickt

Steven vordere oder hintere Begrenzung des Schiffsrumpfes (Vor- und Achtersteven), wo die Beplankung oder Beplattung ansetzt

Strecktaue Leinen, die bei schwerer See über das Deck gezogen werden, um der Mannschaft bei der Arbeit auf Deck Halt zu geben

Strich ein Winkel des Horizonts von 11,25 Grad. Der ganze Horizont ist in 32 Striche eingeteilt

Sturmsegel Segel, die beim Sturm stehengelassen werden, in erster Linie das Untermarssegel

Süll hohe Türschwelle und Schwelle an Niedergängen, Einfassung von Luken, um bei übergehenden Brechern das Wasser abzuweisen

Takelage Sammelbegriff für das stehende und laufende Gut sowie für alle Masten, Stengen, Segel eines Segelschiffes

Talje (Flaschenzug) Taljen werden auf einem Segelschiff in den verschiedensten Formen und Stärken als kräftesparendes Arbeitsgerät verwendet

Topp(en) das obere Ende eines Mastes oder einer Stenge

Toppnant ein von einem Punkt oberhalb des geheißten Segels ausgehender starker Draht zur Nock der Rah, der diese in gefiertem Zustand in der Horizontalen – parallel zum Deck – hält

trimmen (Segel, Rahen etc.) etwas in die vorgeschriebene Lage bringen, zurechtziehen

verholen den Liegeplatz eines Schiffes verändern

vierkant brassen die Rahen so stellen, daß sie genau quer zum Schiff stehen

Vorpiek wasserdichte Abteilung vor dem vorderen Kollisionsschott, zum Lagern von Gerät oder zum Trimmen benutzt

Vorstag Fockstag; unterer Haltedraht von vorn am Fockmast (Vortopp)

Vortopp Fockmast; vorderer Mast auf jedem Segelschiff, sofern es zwei oder mehr Masten hat

Wanten Taue zur seitlichen Abstützung der Masten; sind bei Segelschiffen durch eingebundene Webeleinen zu Strickleitern zusammengefaßt

Webeleinen Stricktaue zwischen den Wanten, die zum Ersteigen der Masten dienen

wenden das Schiff durch den Wind drehen, um den Wind von der anderen Seite einzunehmen

Zeisinge kurze Taue, mit denen ein Segel „festgemacht", d.h. zusammengeschnürt wird

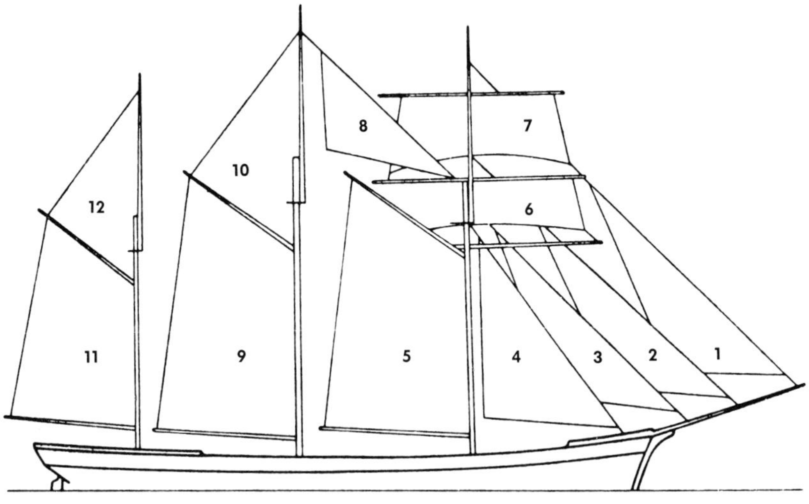

Toppsegelschoner

1 Außenklüver
2 Klüver
3 Binnenklüver
4 Vor-Stagsegel
5 Schonersegel
6 Vor-Marssegel (Toppsegel)
7 Vor-Bramsegel (Toppsegel)
8 Groß-Stengestagsegel
9 Großsegel
10 Groß-Gaffeltoppsegel
11 Besansegel
12 Besan-Gaffeltoppsegel

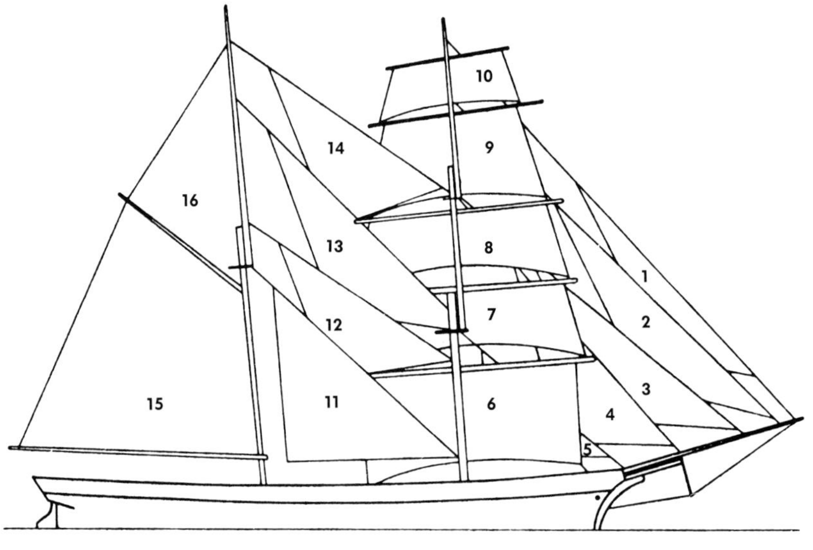

Brigantine

1 Flieger
2 Außenklüver
3 Klüver
4 Binnenklüver
5 Vor-Stagsegel
6 Focksegel
7 Vor-Untermarssegel
8 Vor-Obermarssegel
9 Vor-Bramsegel
10 Vor-Royal
11 Groß-Stagsegel
12 Groß-Mittelstagsegel
13 Groß-Stengestagsegel
14 Groß-Bramstagsegel
15 Großsegel
16 Groß-Gaffeltoppsegel

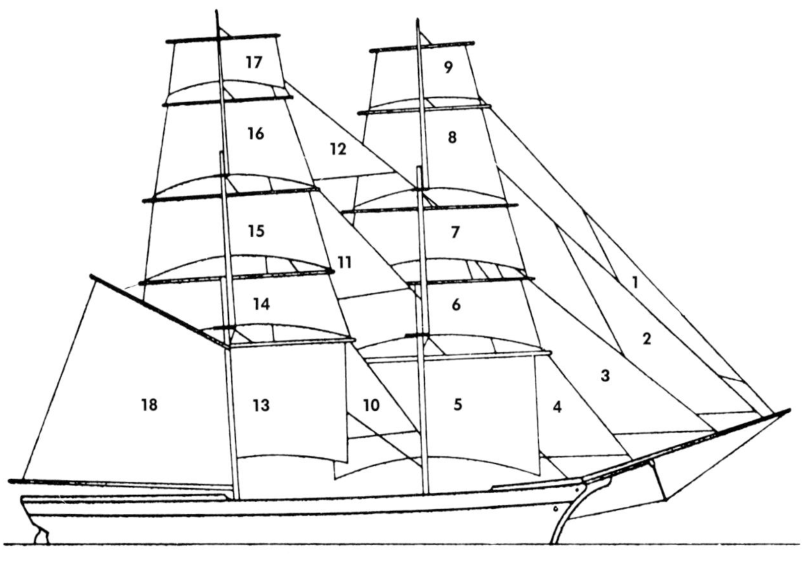

Brigg

1 Flieger
2 Außenklüver
3 Binnenklüver
4 Vor-Stengestagsegel
5 Focksegel
6 Vor-Untermarssegel
7 Vor-Obermarssegel
8 Vor-Bramsegel
9 Vor-Royal
10 Groß-Stengestagsegel
11 Groß-Bramstagsegel
12 Groß-Royalstagsegel
13 Großsegel
14 Groß-Untermarssegel
15 Groß-Obermarssegel
16 Groß-Bramsegel
17 Groß-Royal
18 Besansegel

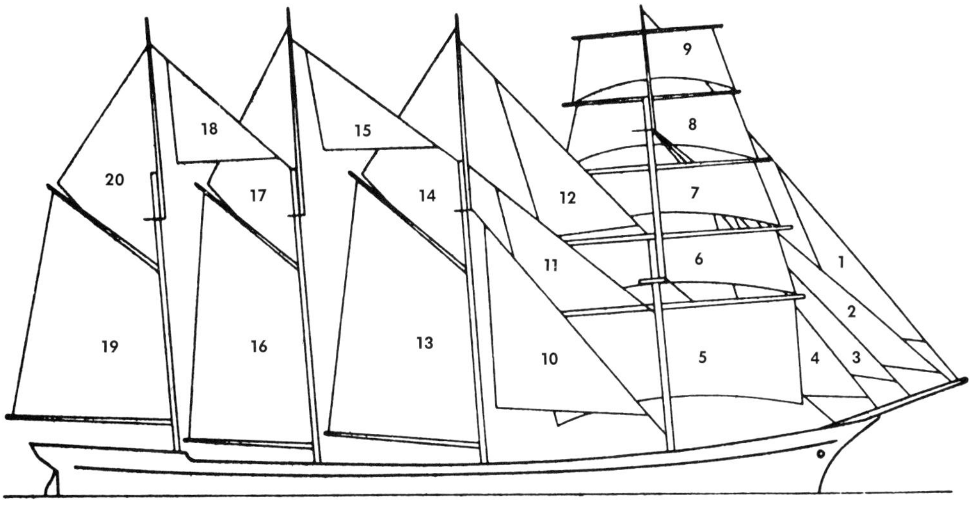

Barkentine

1 Flieger
2 Außenklüver
3 Binnenklüver
4 Vor-Stengestagsegel
5 Focksegel
6 Vor-Untermarssegel
7 Vor-Obermarssegel
8 Vor-Unterbramsegel
9 Vor-Oberbramsegel
10 Groß-Stagsegel
11 Groß-Stengestagsegel
12 Groß-Bramstagsegel
13 Großsegel
14 Groß-Gaffeltoppsegel
15 Kreuz-Stengestagsegel
16 Kreuzsegel
17 Kreuz-Gaffeltoppsegel
18 Besan-Stengestagsegel
19 Besansegel
20 Besan-Gaffeltoppsegel

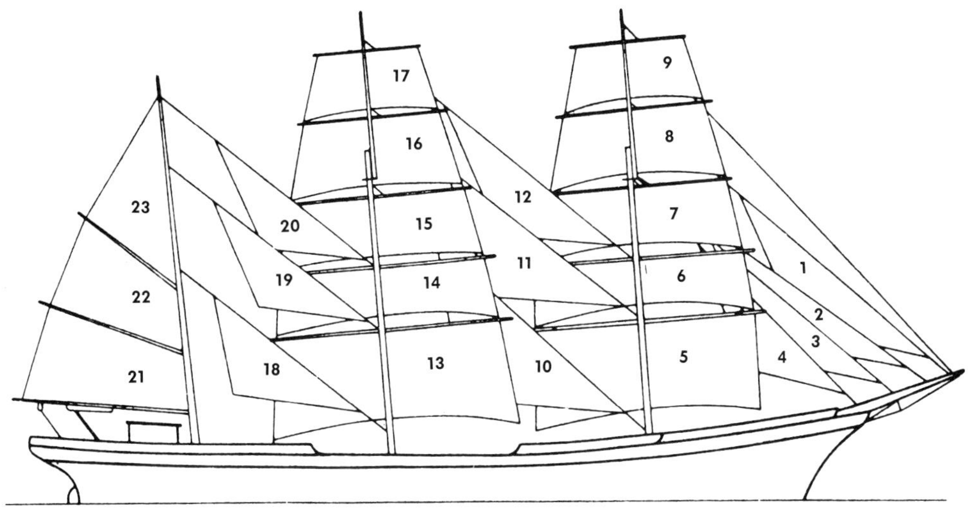

Bark

1 Außenklüver
2 Klüver
3 Binnenklüver
4 Vor-Stengestagsegel
5 Focksegel
6 Vor-Untermarssegel
7 Vor-Obermarssegel
8 Vor-Bramsegel
9 Vor-Royal
10 Groß-Stengestagsegel
11 Groß-Bramstagsegel
12 Groß-Royalstagsegel
13 Großsegel
14 Groß-Untermarssegel
15 Groß-Obermarssegel
16 Groß-Bramsegel
17 Groß-Royal
18 Besan-Stagsegel
19 Besan-Stengestagsegel
20 Besan-Bramstagsegel
21 Unterbesan
22 Oberbesan
23 Besantoppsegel

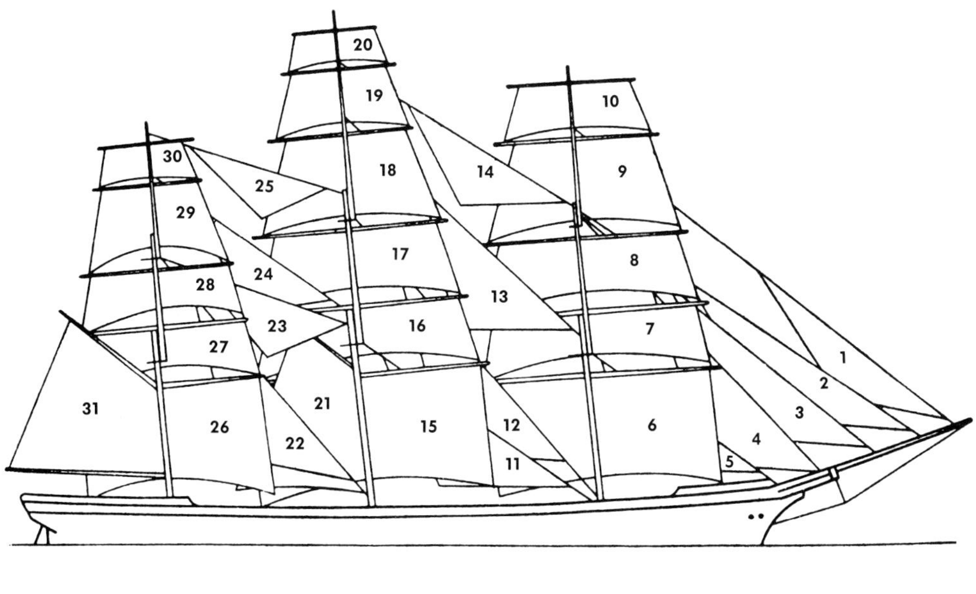

Vollschiff (Idealbesegelung)

1 Flieger
2 Außenklüver
3 Klüver
4 Binnenklüver
5 Vor-Stagsegel
6 Focksegel
7 Vor-Untermarssegel
8 Vor-Obermarssegel
9 Vor-Bramsegel
10 Vor-Royal
11 Groß-Stagsegel
12 Groß-Stengestagsegel
13 Groß-Bramstagsegel
14 Groß-Royalstagsegel
15 Großsegel
16 Groß-Untermarssegel
17 Groß-Obermarssegel
18 Groß-Bramstagsegel
19 Groß-Royal
20 Groß-Skysegel
21 Groß-Spencer
22 Kreuz-Stengestagsegel
23 Kreuz-Mittelstagsegel
24 Kreuz-Bramstagsegel
25 Kreuz-Royalstagsegel
26 Kreuzsegel
27 Kreuz-Untermarssegel
28 Kreuz-Obermarssegel
29 Kreuz-Bramsegel
30 Kreuz-Royal
31 Besansegel

Schiffstypen

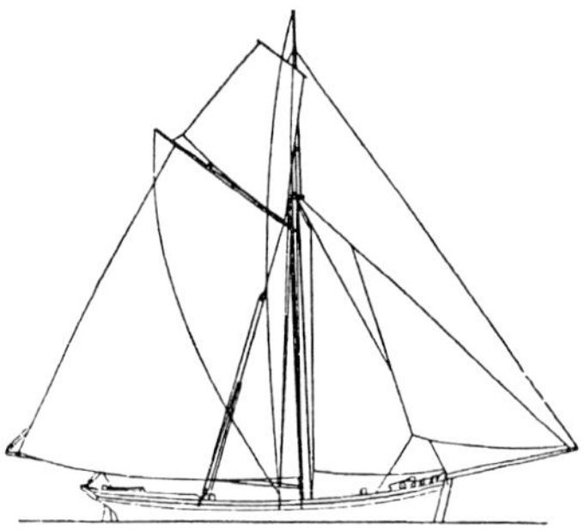

Kutter Einmastiger Segler, meist mit geradem Steven und Spiegelheck. Die klassische Kuttertakelung besteht aus Gaffelsegel, Toppsegel und den drei Vorsegeln Fock, Klüver und Flieger. Berühmtester Typ: Lotsenkutter.

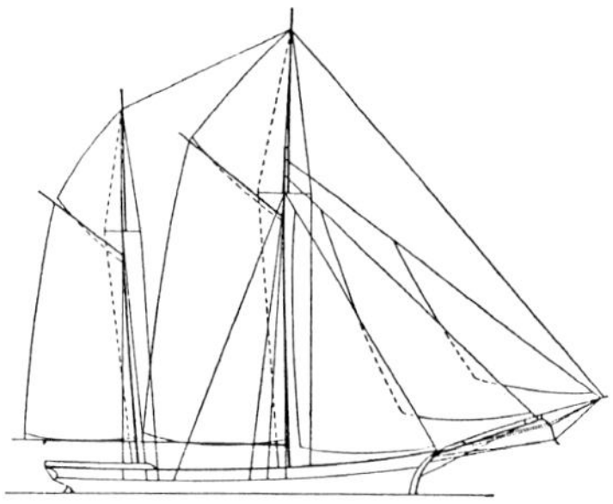

Galeaß Zumeist zweimastiger Küstensegler, ketschgetakelt, besonders in der Ostsee verbreitet. Länge dieses Typs selten über 20 Meter. Viele dieser sehr stabil gebauten Schiffe sind wieder restauriert worden.

Brigantine / Schonerbrigg Zweimaster, der einen vollgetakelten, also mit Rahen versehenen Fockmast und einen gaffelgetakelten Großmast fährt. Ein Küstenfrachter, dessen Takelungsart nicht besonders weit verbreitet war.

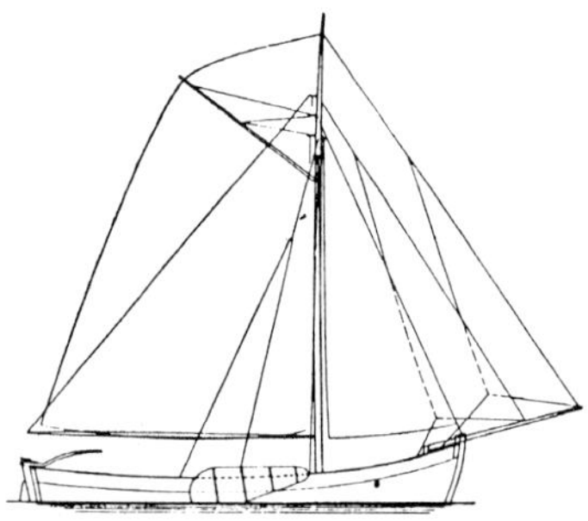

Ewer Klassisches Fischerei- und Transportfahrzeug der Unterelbe, mit flachem Boden und Seitenschwertern. Wird sowohl als Einmaster als auch als Anderthalbmaster getakelt (Besanewer). Die Schiffe waren recht seetüchtig.

Toppsegelschoner Dieser Begriff beschreibt die Takelung des Schiffes, nicht den Schiffstyp. Es handelt sich dabei um einen Zwei- oder Dreimaster, der am Fockmast außer dem Gaffel- (Schoner-) Segel Rahtoppsegel fährt.

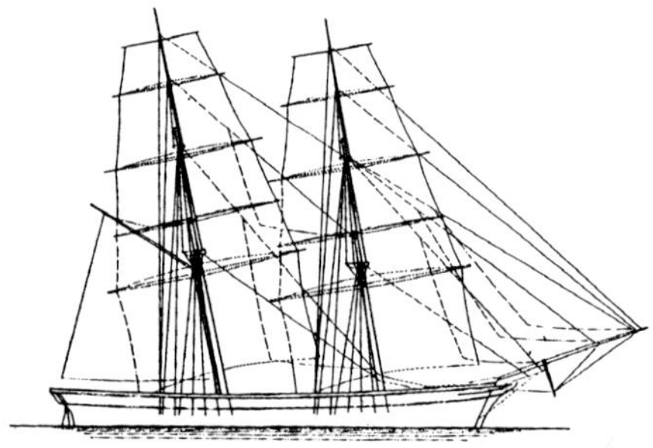

Brigg Ein Zweimaster, dessen beide Masten vollgetakelt, das heißt mit Rahen versehen sind. Briggs sieht man nur noch sehr selten, sie waren nie sehr weit verbreitet. Das britische Schulschiff ROYALIST gehört dazu.

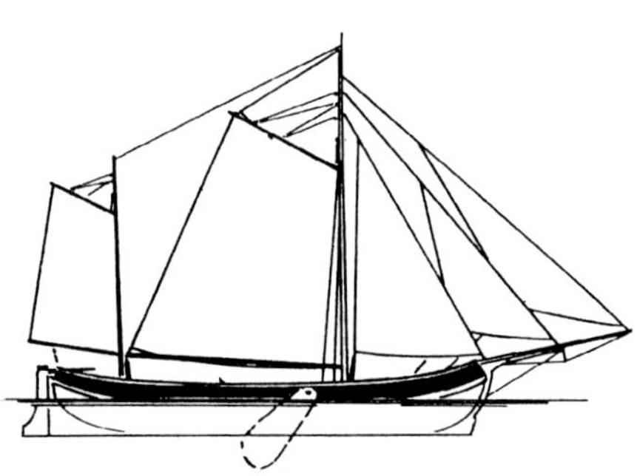

Kuff / Tjalk Alte ostfriesisch-holländische Küstenfahrzeuge mit flachem Boden, Seitenschwertern und sehr runden Schiffsenden. Takelung als Ein- oder Anderthalbmaster. In Holland sind diese Boote noch weit verbreitet.

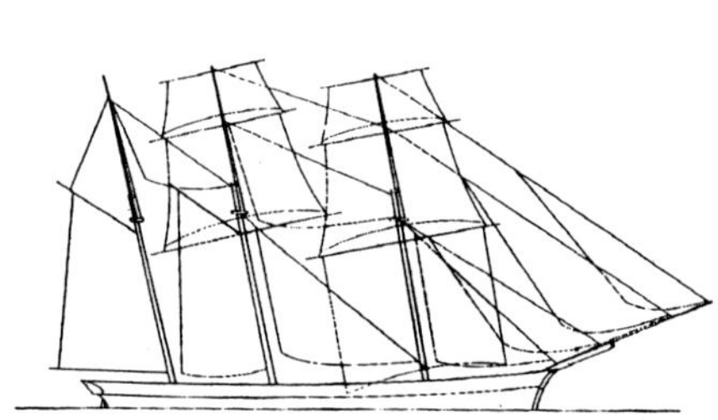

Dreimast-Toppsegelschoner Ein rahgetakelter Fockmast, ein rah- und gaffelgetakelter Großmast und ein gaffelgetakelter Besanmast – kein sehr gebräuchlicher Segelschiffstyp, aber auch solche „Zwitterschiffe“ gab es.

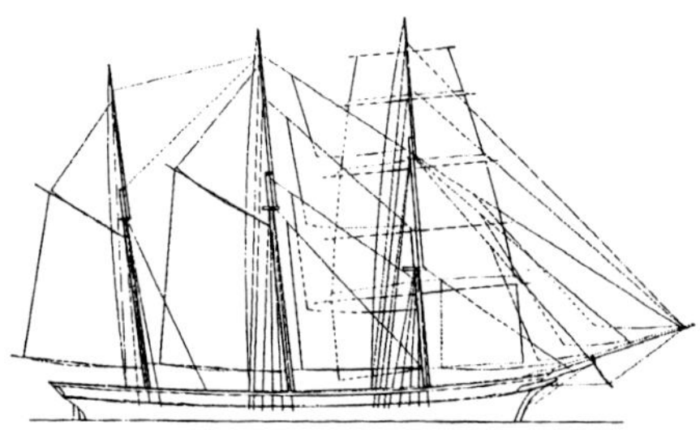

Barkentine / Schonerbark Dreimastiger Segler mit rahgetakeltem Fockmast und schonergetakeltem Groß- und Besanmast. Das chilenische Schulschiff ESMERALDA gehört zu den wenigen noch in Fahrt befindlichen Typen.

Bark/Viermastbark die klassische Windjammer-Takelung, bei der Bark zwei vollgetakelte Masten und ein schonergetakelter Besanmast (GORCH FOCK), bei der Viermastbark kommt ein weiterer vollgetakelter Mast hinzu.

Vollschiff Alle Masten sind rahgetakelt, ebenso wie beim Viermast-Vollschiff. Es hat sogar ein Fünfmast-Vollschiff gegeben, den berühmten Flying-P-Liner PREUSSEN. Die schnellen Teeclipper waren Vollschiffe.

Liste der teilnehmenden Segelschiffe

Abel Tasman, NED
Adler von Bremen, GER
Aglaia, GER
Alaska, UKR
Albatros, NED
Albatros-C, GER
Albert Johannes, NED
Albertha, NED
Alexander von Humboldt, GER
Alparena II, GER
Alte Liebe, GER
Alter Ego, UKR
Alwena, GER
Amaranta, GER
Amazing Grace, GBR
Amazone, NED
Ambulant ZL 9, GER
Anglea von Barßel, GER
Anlona, GER
Annette, GER
Anny von Hamburg, POR
Antigua, NED
Antoinette, GER
Aphrodite, NED
Arethusa, GBR
Asgard II, IRL
Astrid, NED
Atlantic Tramp, GER

Bacchus, GER
Balu, GER
Banjaard, NED
Bartele Rensink, GER
Batash, GER
Belem, FRA
Berta, GER
Bestevaer, NED
Bisschop van Arkel, NED
Brise, NED

Calypso, GER
Capella Endeavour, GBR
Capitan Miranda, URU
Catherina, NED
Cementesse, GER
Christel, GER
Christian Radich, NOR
Concordia, CAN
Courier, RUS

Dagmar Aaen, GER
Dar Mlodziezy, POL
De Buttfischer, GER
De Goede Verwachting, NED
Delphin, GER
Dialog II, GER

Ebenhaezer, GER
Elegant, NED
Elessar, NED
Engelina, NED
Ernestine, GER
Esperanza, GER
Europa, NED
Eye of the Wind, GBR

Fahrewohl von Büsum, GER
Freyja, GER
Fryderik Chopin, POL

Gallant, NED
Gammel Dansker, GER
Geesje van Urk, NED
Germania, GER
Gesine von Papenburg, NED
Godewind, GER
Gorch Fock, GER
Green Magic, GER
Greif, GER
Grete, GER
Grode-Leer, GER
Grönland, GER
Großherzogin Elisabeth, GER
Guitanja, GER
Gulden Draek, GER

Hanni, GER
Hans-August, GER
Hebe III, CZE
Helgoland, GER
Henriette, GER
Heureka, GER
HF 224 Astarte, GER
Hoop op Welvaart, NED
Hug Maru, GER

Ide Min, NED
Iduna, GER
Indian II, GER
Insa, GER
Irene, Ger
Iskra, POL

J. R. Tolkien, NED
Jacob Meindert, NED
Jan Joest, GER
Jana, GER
Jens Krogh, DK
Jissy, NED
Johanna, GER
John Albrecht, GER
Jonathan, GER
Jonge Sietske, NED

Kaliakra, BUL
Karoline of Kirkwall, GER
Kathrin, GER
Katja Tippel, GER
Khersones, UKR
Klaus Störtebecker III, GER
Kormoran, GER
Kramputz, GER
KRI Arung Samudera, INA
Kruzenshtern, RUS

L'Etoile, FRA
La Belle Poule, FRA
La Recouvrance, FRA
Lady Vera, GER
Landrath Küster, GER
Lara, GER
Libertad, ARG
Line Hinsch, GER
Linquenda II, NED
Lisanda, GER
Loth Lorien, NED
Lotos, NED
Luciana, NED
Luna von Emden, GER

Maiden, GBR
Marco Polo, GBR
Mare Frisium, NED
Marianne Johanne, GER
Marie Galante, NED
Mary-Anne, GER
Messidor, GER
Mien Problem, GER
Morgana, NED
Moshe-M, NED

Neeltje Jacoba, NED
Nell Britt, GER
Nellie & Leslie, GER
Nirwana, NED
Norden, GER
Nordstern, GER
Nordstern, GER

Oban, NED
Ömmes, GER
Oosterschelde, NED
Orion, GER
Ostfriesland, GER

Palinuro, ITA
Peace, St. Vincent
Pedro Doncker, NED
Perle, GER
Pogoria, POL
Polaris, FRA
Pride of Baltimore II, USA
Pride of Mother Sea, NED

Rainbow, ITA
Rakel, GER
Regina Maris, NED
Roald Amundsen, GER
Rodezand, GER
Roland von Bremen, GER
Rosinante, GER
Roter Sand, GER
Rubin, GER
Ryvar, GER

Saalais, GER
Schedir, GER
Schulschiff Deutschland, GER
Seatramp, GER
Sedov, RUS
Selinde, NED
Shtandart, RUS
Sigandor, GBR
Silver Spray, NED
Sjoglimt, GER
Skylge, NED
Smuga Cienia, POL
Sofie, GER
Solvang, GER
Søren Larsen, GBR
Sørlandet, NOR
Sørlandet II, GER
Stad Amsterdam, NED
Stahlratte, GER
Statsraad Lehmkuhl, NOR
Stella Maris, NED
Stella Polare, ITA
Stortemelk, NED
Swaensborgh, NED
Swan fan Makkum, NED
Swantje von Emden, GER
Swarte Haen, NED

Thalassa, NED
Thor Heyerdahl, NED
Twister, NED

Ubena von Bremen, GER
Urania, NED

Vegesack BV 2, GER
Vegewind, GER
Vrouwe Barbara, NED
Vrouwe Julocte, NED
Vrouwe Linda, NED

W. Klitgaard, DK
Walrus, NED
Wappen von Ihlow, GER
Weserkahn, GER
White Shark, GER
Wilhelm Peter, GER
Wilhelmina, NED
Wilmke ut Emden, GER
Windspeel, GER
Wisera, GER
Wonnewanne, GER
Wyvern von Bremen, GER

Y 101 Svanen, DK
Y 102 Thyra, DK

Zamoura of Zermatt, GBR
Zeeliefje, GER
Zenobe Gramme, BEL
Zilvinas, LTU
Zuiderzee, NED
Zweirad, GER